今知りたいお墓のこと

—亡き人と生きるために考える—

浄土真宗本願寺派総合研究所

[018]

本願寺出版社

今知りたいお墓のこと

―亡き人と生きるために考える―

目次

第二部　現代のお墓・納骨

＊本文中では、次のような略号を使っています。

註釈版聖典　『浄土真宗聖典註釈版（第二版）』（教学伝道研究センター編、本願寺出版社、二〇〇四）

註釈版七祖篇　『浄土真宗聖典 七祖篇（註釈版）』（浄土真宗聖典編纂委員会 編纂、本願寺出版社、一九九六）

聖典全書　『浄土真宗聖典全書』（浄土真宗本願寺派総合研究所編纂、本願寺出版社、二〇一一～二〇一九）

序　お墓・納骨に関する悩み ―教学相談の事例から―

　浄土真宗本願寺派総合研究所では、仏事やみ教えに関する相談を電話にて受ける、「教学相談」事業を行っています。本書を作成するに際し、「お墓・納骨」に関して、これまでどのような相談がなされてきたのかを振り返ったところ、実に多様な相談が、二〇〇五年度から二〇二一年度までの十七年間で一千七百件以上も寄せられていました。相談の「多様さ」は、相談者一人ひとりの状況に起因するものですので、プライバシーに配慮しながら、「お墓・納骨」に関する相談の特徴について大きく二つにまとめます。

①「どうすればいいか」という相談

本書の内容にも深く関わるのが、

・お墓を移動（改葬）したいが、どうすればいいか。
・お墓をいくつかまもっているが、一つにまとめたい。どうすればいいか。
・後継ぎがいないため、お墓をどうすればいいか。
・後継ぎがいないため、遺骨を大谷本廟に納骨したい。どうすればいいか。
・今お墓をもっていないが、今後納骨をしようとした際にはどうすればいいか。

といった「どうすれば」という相談です。相談の背景としては、出身地（お墓がある場所）から離れた場所に住んでいるため、子どもがいないため、といったことが多いですが、注目する点として二点挙げたいと思います。

一つは、一般的にお墓の継承者とされる長男の方以外からの相談が多いことです。例えば、お子さんが全員女性であるご家庭から、結婚し他の姓へと変わられた方が、「実家のお墓をどうすればいいか」もしくは、「ご両親のご遺骨をどうすればいいか」、といった場合です。または、出身地から離れた場所で暮らしている次男の方が、身内が亡くなった際に、お墓がないといった場合です。こうした相談になぜ注目するのかといえば、こうした相談は、団塊の世代が高齢者となっていくことによって、「実家のお墓をまもれない」「お墓がない」「子どもがいない」といった悩みを抱える方々が増加していることの現れだと考えられるからです。

もう一つは、こうした相談には、家族間の問題、宗派の違い、所属寺との関係など複雑な問題が絡み合っている場合が多く、しかも、「お墓・納骨」について十分に考える時間もないまま、問題に直面しなければならないということです。「お墓・納骨」について家族間で相談する必要性は常に指摘されますが、現実的にはそうしたことがなされる場合は少なく、困難な問題に直面し、一人で深く悩まれている方が多いことに配慮しなければならないといえます。

なお、「どうすれば」という相談は、

・新しくお墓をたてるが、どんな文字を書けばいいか。

・浄土真宗では「南無阿弥陀仏《なもあみだぶつ》」と書いているお墓が多いが、なぜか。

・お墓を移動させる場合には、「お性根抜き」が必要といわれたが、どうすればいいか。

といった浄土真宗のみ教えに関わる問題とあわせて相談される場合が多いです。

②「いいのか」という相談

教学相談は浄土真宗本願寺派総合研究所が行っている事業であるため、「お墓・納骨」に関する行動やならわしなどについて、その当否や妥当性などについての相談が寄せられます。相談の中には、①で触れた家族間などの問題を背景にして、

・お墓に二つの姓の人が入ってもいいのか。

・お墓に他宗派の人が入ってもいいのか。
・お墓参りはお盆以外でもしてもいいのか。お墓参りの時期に決まりはあるのか。
・遺骨を手元に置いたままでいいのか。
・お墓に○○という文字を彫ってもいいのか。
・お墓はいつまでにたてるのがいいのか。
・納骨の時期はいつがいいのか。
・お盆、お彼岸に納骨をしてもいいのか。
・五輪塔はつくったほうがいいのか、悪いのか。
・お墓参りのとき、お線香をどのようにお供えすればいいのか。
・樹木葬や散骨をしてもいいのか。

といった相談がありますが、その多くは、

といった内容で、お墓の建立、納骨、お墓参りなどを実際に行う際に関わる相談が寄せられています。

①と同じように注目すべき点を挙げれば、②の相談の背景には、親族から言われた、メディアの報道でみた、葬儀社や石材店から言われた、インターネットで調べた、といった形で、お墓の建立などを主として進められている方が第三者から取り入れた情報によって、「どうしたらいいのか」「こうしなければいけないのか」といった悩みが生じていることです。

こうした状態が起こることは、出身地（お墓がある場所）から離れた場所に住んでいるといった生活スタイルの変化が一因であると考えられます。現代では「お墓・納骨」を含むさまざまな仏事に関する情報があふれており、実際に仏事に関する疑問や悩みを持たれた場合に、どれが正しい情報であり、自分（もしくは自分が所属する宗派）ではどうしたらいいのか、がわかりにくくなっているということではないでしょうか。

ただし、「さまざまな仏事に関する情報があふれて」いるということは、単に否定すべきでもありません。例えば、「一歳児がお墓参りするのはよくないと親族に言われたが、どうしたらいいか」という相談がありましたが、インターネットで調べると同様のことを述べるものや、小さなお子さんのお墓参りに関する注意点を述べるものなどをすぐにみつけることができます。

重要なことは、こうしたさまざまな情報があふれ、人びとが悩んでいるということであり、その「悩み」の解決には「お墓・納骨」に関する仏事は「葬送儀礼」と同様に、地域の文化・歴史と深く結び合いながら行われてきたという、その文化の豊かさに目を向けていくことが糸口となるのではないでしょうか。

「教学相談」の事例からみえてくるのは、「お墓・納骨」に関して、一つとして同じような相談がないといえるほど多様な状況下における人びとの課題や悩みであり、それは同時に、「人が亡くなり遺されたお骨」をどのように扱うかが、人びとにとってどれほど大切なことであるかということです。

そして、より重要なことは「教学相談」で承る相談は、ほんの一例にしか過ぎないということです。例えば、浄土真宗本願寺派の別院や教堂などにも多様な質問・相談が寄せられていることが、各別院のホームページなどからうかがうことができます。いくつか事例を挙げると、次のような質問・相談が寄せられていることがわかります。

・先祖代々の墓をまもり続けるのが難しい。
・墓地を求めても、相続する身内がいない。
・家族にお墓の心配をかけたくない。
・個人単位での生前申し込みがしたい。
・生前に自分の埋葬先を決めておきたい。
・築地本願寺のご本尊の近くに安置してほしい。
・諸事情で、お骨を一時的に預けたい。
・遺骨を納める方法（分骨や全骨）を選択したい。

・自身の埋葬先を考えたい。
・墓じまいをしたいが、先祖の遺骨はどうしたらいいか。
・今あるお墓から遺骨を移したい。
・自宅にある遺骨をなるべく早く埋葬したい。
・故人の名前を遺すことは可能か。
・今からお墓をたてるのは費用がかかり難しい。
・遺骨が複数あり、費用は人数分必要か。
・個人の墓地や納骨堂を持つ予定がないが、どうしたらよいか。
・故郷から家族の遺骨を分骨できる納骨施設を探している。

こうした質問・相談には、「み教え」を根拠にして答えることができるものもありますが、質問者・相談者の状況、事情をくみ取りながら、共によりよい方法を求めなければならないものであるために、即座に的確に答えることが困難なものもあります。

ことに、現代では状況や事情が複雑な相談・質問が多いため、ここでは「教学相談」でのお墓に関する架空の対応事例を紹介したいと思います。

【架空『教学相談』】「お墓をどうするか？」

担当者：こんにちは。本願寺「教学相談」です。
Aさん：お墓のことで相談があるのですが。
担当者：どのようなご相談でしょうか。
Aさん：後をみる者がいないのですが、最近「墓じまい」という言葉をテレビや新聞でよく聞きまして、一体どんなことなんだろうと思って電話してみました。
担当者：なるほど。それではまず、現在の状況を確認させてください。お墓があるのはご自宅の近くでしょうか。
Aさん：いいえ、お墓は実家のある山口で、私は東京にいます。実家には母が一人で暮らしていますが、母も高齢なので…。
担当者：山口のご実家のお墓をどうするのかを検討されているということですね。
Aさん：はい。それで、具体的にはどのような方法があるのでしょうか。
担当者：現在、おつきあいのあるお寺はありますか。
Aさん：実家は、母が浄土真宗の門徒です。私の方はありません。
担当者：それではご実家のお墓は、お寺が管理されているお墓ということでしょうか。
Aさん：そうです。
担当者：お墓を処分されたり移動されたい場合、一つは墓石の処分が必要となります。もう一つは、ご遺骨をどうするのかが大切なことになります。現在納骨されているお骨はどのようにされるか、お考えはありますか？
Aさん：どうすればいいでしょうか。
担当者：お骨については、例えば、ご実家でお付き合いされているお寺に合葬墓などがある場合、そちらにお願いする方法や、Aさんのお住まいの地域で新しくお寺と関係を持っていただき、その納骨堂を求めるなど、新しい納骨先を探すという方法があります。

Aさん：都内か、この近くのどこかで納骨先を探したいと思います。

担当者：そうした点も含めて、一度、ご実家のお手継ぎ寺へ、お墓について相談されてはいかがでしょうか。寺院の墓地をどうするか、ご遺骨をどうするのかなど、率直に聞いていただくと、さまざまな方法や選択肢なども含めて提案いただけるかと思います。

Aさん：わかりました。

担当者：まずは、ご自身の状況を整理して、お寺さんにお伝えいただければと思います。そのときには、Aさんのほか、お母さまや、ご親族の方なども含めて、お寺さんを交えてお話しされるとよろしいかと思います。他の方の経験やご意見を聞くことでも、Aさんの不安や悩みを解消する方法やアイデアが出てくるかもしれませんので。

Aさん：ありがとうございました。一度、整理してみて、お寺さんに相談してみようと思います。

担当者：また何か心配なこと、不安なこと、手続きなどでわからないことなどができましたら、お電話いただければと思います。

教学相談では、仏教にかかわる悩みなどについて答えていく窓口としてさまざまな対応をとっています。特にお墓や納骨に関しては、個々の状況が全く異なることも少なくありませんから、すぐに答えを出すのではなく、ご家族、ご親族や関係するお寺の方ともよく相談することを勧めています。そうした中で、悩みや不安を考えるためのポイント（今回の架空「教学相談」でいえば、墓石の処分だけでなくご遺骨の行方も決めなければならないこと）などを示しつつ、個々の状況を一つずつ丁寧に整理していくことを促し、悩みや不安を解きほぐし、それぞれの状況にあった道筋をみつけていくことを大切にしています。

＊　＊　＊

ここまで、当研究所で行っている「教学相談」を通して、お墓・納骨に関する悩みについて考えてきました。本書では、こうした種々の疑問や悩みを抱えている方々を対象として、「お墓・納骨の歴史」（第一部）と、現代における「お墓・納骨」が直面する課題とその対応として、「現代のお墓・納骨」（第二部）とをまとめました。第一部では、「お墓・納骨」について人びとに身近だと考えられる「お墓の形・文字」「納骨堂」「墓参り」を取り上げ、「お墓・納骨」の歴史を論じています。第二部では、「お墓・納骨」が直面する課題を社会状況から分析した上で、その課題についての対応をまとめ、最後に浄土真宗本願寺派（大谷本廟や築地本願寺、各地の別院など）の事例を紹介しています。

「葬送儀礼」（あるいは、「葬儀」）に関する報道や書籍等の出版に比べれば、「お墓・納骨」については十分に情報が開示されているとはいえませんので、今も多くの方々が「お墓・納骨」について悩みをお持ちだと思います。しかも、人口減少がより深刻な問題になっていくと予想されている日本においては、今後、「お墓・納骨」がより一層社会課題化していくと考えられます。

本書が、「お墓・納骨」に対して考えるきっかけの一つとなることを念願しています。

第一部　お墓・納骨の歴史

第一章　日本におけるお墓の歴史（冨島信海）

「お墓」と聞くと、みなさんは次のようなイメージを持たれるのではないでしょうか。

・町の外れや山あいにある。
・近所のお寺の境内にある。
・「〇〇家之墓」などと四角い石の塔に刻まれる。
・墓石の下部が遺骨を納める構造となっている。

私たちが「お墓」に対して持つ代表的なイメージに、石でつくられたお墓（石塔）や「〇〇家之墓」と刻まれるお墓があります。実はこれらは昭和初期以降に普及し、高度経済成長期の頃から増えていったと考えられています。お墓の一つひとつをみてみると、同じ素材の石でつくられていても、大きさ、色、形、一つとして同じものはありません。刻まれる文字も、家や先祖をあらわすものから、「南無阿弥陀仏《なもあみだぶつ》」といった仏教の言葉、現代では個人の好きな言葉までさまざまです。また、遺骨が納められないお墓、遺骨が失われたお墓、遺骨がなくても参拝されるお墓もあります。こうした一つひとつのお墓は、「たてる」人、「まもる」人、「参る」人、時代も場所も事情も異なる人びとによって形成され、維持されてきました。

お墓のイメージを問うことで、もう一つみえてくることがあります。それは、私たちが持つお墓のイメージには、「どこに」あるのか、「どんな」素材や形なのか、そして「どのような」文字が刻まれているのかが、深く関わっていることです。これらはお墓の歴史を知る上で重要な三つのポイントといえるでしょう。

本章では、日本のお墓がどのような歴史をたどってきたのかについて、まずは「どこに」という疑問に対して、お墓がたてられる場所としての「墓地」、次に「どんな」という疑問に対して、素材として使われる「石」、さらに「どのような」という疑問に対して、墓石に刻まれる「文字」を取りあげてみたいと思います。お墓については、巻末の参考文献に示したように、歴史学・考古学・民俗学など多分野の研究者によって各時代のお墓の実態が明らかにされています。こうした成果をもとに、仏教や寺院との関わりを踏まえつつ、日本におけるお墓の歴史を概観してみたいと思います。

一、墓地の風景—葬送地・共同墓地と寺院—

お墓は「どこに」たてられてきたのか。墓地・墓所と寺院の関連をたどると、各時代において血縁・地縁や仏縁などさまざまなつながりによって、共同的な墓地がいくつも形成されてきたことがわかります。以下、古代（飛鳥〜奈良・平安頃／七〜十二世紀）・中世（鎌倉・室町頃／十三〜十六世紀）・近世（江戸／十七〜十九世紀）・近現代（明治・大正・昭和・平成頃／十九〜二十一世紀）にわけて、墓地についてみていきましょう。

古代～陵寺・墓寺～

日本のお墓のうち古くて大規模なものとして知られるのが、古墳時代の前方後円墳《ぜんぽうこうえんふん》などですが、古代に入るとその数は次第に少なくなります。仏教が伝来し火葬が行われるようになると、お墓と寺院との関連がみられるようになっていきます。例えば、龍福寺（奈良県明日香村）の石造層塔は、火葬の後に遺骨を納めて墓塔を作った重要な遺跡とされています。

その後、九世紀から十世紀にかけて、お墓や葬送の地にお寺が建立されていきます。一つは、天皇や皇族などのお墓である陵墓における寺院です。九世紀に文徳天皇が創立した嘉祥寺は、仁明《にんみょう》天皇の陵墓近くにたてられた「陵寺」であり、葬送後に墳墓で仏事が行われました。後一条《ごいちじょう》上皇（一〇〇八－一〇三六）のお墓は「菩提樹院《ぼだいじゅいん》陵」と呼ばれ、寺院が陵墓を管理していたと考えられています。また、白河上皇（一〇五三－一一二九）の例のように、天皇の墓において寺の伽藍そのものを墓とする「寺院伽藍陵墓」が登場しました。

もう一つが、「墓寺」です。市聖《いちのひじり》・阿弥陀聖《あみだひじり》として知られる空也《くうや》（九〇三―九七二）は、念仏をとなえつつ荒野に捨てられた遺骸を火葬し、加茂河原に西光寺《さいこうじ》（現・六波羅蜜寺《ろくはらみつじ》）をたてました。これが葬送の地にお寺がたてられた最初とされています。

さらに、極楽往生を願う者のお墓もたてられていきます。例えば、「二十五三昧会《にじゅうござんまいえ》」という念仏結社のお墓です。「二十五三昧会」は、九八六（寛和二）年、比叡山・横川《よかわ》首楞厳院《しゅりょうごんいん》の僧侶二十五名によって発足したもので、源信和尚《げんしんかしょう》の『往生要集《おうじょうようしゅう》』を指南として極楽往生を願う集会です。『横川首楞厳院二十五三昧式』には、「安穏廟」と名づける墓所に、会に属する者の卒塔婆をたてて墓所とすることが記されています。

一般の方々のお墓についてはわからないことも多くありますが、古くから集合的なお墓が形成され、そこに寺院が関与していたと考えられています。

広がる共同墓地（古代〜中世）

桓武天皇が七九四（延暦十三）年に遷都した平安京では、当初、鴨川・桂川などの河原が葬地となっていました。次第に郊外の蓮台野《れんだいの》（平安京の北）、化野《あだしの》（平安京の西・嵯峨の北）、鳥部野《とりべの》（東山の山麓）などが葬送の地となり、中世以降は一般の方々の葬地としても使われていきました。

十二世紀後半から十三世紀にかけて、全国で大規模な「共同墓地」がみられるようになります。ここでは代表的なものとして、次の三例を紹介します。

▼上行寺東遺跡《じょうぎょうじひがし》（神奈川県横浜市）　鎌倉時代〜室町時代

一九八四（昭和五十九）年、建物跡や「やぐら」（横穴式の墳墓）に加え、大量の五輪塔《ごりんとう》、火葬人骨などが出土しました。最上段の平場には阿弥陀仏とみられる石窟仏があり、遺骨を納めるとともに浄土信仰・西方願生の場であったと考えられています。現在は、遺跡の一部が復元されています。

▼一ノ谷《いちのたに》遺跡（静岡県磐田市）　平安時代末〜江戸時代初期

一九八四〜一九八八（昭和六十三）年にかけて発掘調査が行われ、十五万㎡以上の広大な遺跡から、塚墓《ちょうぼ》（土を盛った墓）・土坑墓《どこうぼ》・集石墓《しゅうせきぼ》（小石で区画しその中に火葬骨を納める墓）など複数の種類の墓や火葬場跡などが大量に発見されました。十三世紀後半以降主流となる火葬墓は、同じ墓に世代を超えて葬られており、被葬者は都市民ではないかと考えられています。現在は、一ノ谷公園に遺構の一部が復元されています。

▼大門山《だいもんやま》遺跡（宮城県名取市）　鎌倉時代〜室町時代

一九八七（昭和六十二）年に発掘調査が行われ、火葬用の集石墓や「塚経」（書写した経典を埋めたもの）のほか、板碑《いたび》が大量に発見されました。熊野信仰の布教活動にかかわった人びとの墓所とともに、熊野三山を信仰した人びとの供養所であったと考えられています。

十五世紀以降は、近畿地方の村落に集合的な墓が形成されます。山城・大和・河内・和泉などでは、近隣の村々の地縁的結合によって共同で使用する「惣墓《そうぼ》」が発達し、「惣供養塔」と呼ばれる大きな石塔（五輪塔や宝篋印塔《ほうきょういんとう》など）を中心に、まわりを個々の石塔が取り囲む形で地縁による墓地がつくられました。「開かれた」性格をもつ供養塔がたてられ、多くの人びとのための「共同墓地」が形成されていったと考えられています。

十五〜十六世紀にかけては、寺院が境内墓地を経営するようになり、「三昧《さんまい》」とよばれる共同墓地などでは、葬送地の堂宇を管理する聖が火葬も行っていました。

なお、一般の方々については、野に棄てられた遺骸から骨を取り出して墓・寺に納めるようになったと考えられています。

都市型墓地の形成と墓標（近世）

近世には、寺院境内墓地などが形成されていきます。近年、発掘調査などが進み、江戸時代に生きた人びとの埋葬の様子がわかってきました。

大坂では、都市における墓地の狭小さから、多数が火葬にされ、それに特化した墓地が形成されたと考えられています。道頓堀（千日）・鳶田《とびた》（飛田）・小橋《おばせ》・蒲生（野田・加茂）・霞原・浜・梅田の七カ所が「大坂七墓《おおさかななはか》」などと呼ばれています。

一方、近世には、「墓標のないお墓」も多数あったようです。大坂と同様、江戸においても火葬場の整備が進んだものの、土葬される場合が多く、しかも「どこにだれが葬られているのかわからない」状況があったことが明らかとなっています。こうした「墓標なき墓地の光景」は、江戸に限らずどこにでもあったのではないかと考えられています。

他方、農村においては、火葬されたことがわかる史料が大量にあることが知られています。墓地の立地や慣習、宗教、経済的負担などが複雑に絡み合って、土葬・火葬、そして墓標の有無などさまざまな形態があったと考えられています。

公園墓地の登場（近代以降）

明治時代には、公衆衛生や治安維持の観点から、行政主導で墓地の規制が進められていきました。その集大成として位置づけられるのが一八八四（明治十七）年の「墓地及埋葬取締規則」であり、個別の墓地の設置は認められず、以後、共同墓地の建設が進められていきました。

都市に人口が集中するようになると、墓地不足が深刻化し、この問題に対応するために公園墓地がつくられました。一九二三（大正十二）年に開設された「多磨墓地」（現在の東京都府中市・小金井市）は、ドイツやオーストリアなどの墓地を参考に、「家」観念をもとにした習俗や自然をイメージした風景を併合しつつ計画されました。

区画の幅や盛土、墓碑の高さなどに制限が設けられたことで、その後の墓地・墓園のモデルとなりました。現代では、公営の墓地のほか、寺院墓地、民間の墓地などが利用されています。

二、「墓石」の変遷

次に、「どんな」お墓がたてられたのかについて、素材としての「石」に着目して検討を進めていきたいと思います。

石は、人類が最も古くから使用してきたものの一つです。耐久性や加工性にすぐれ、象徴性をもあらわすものとして、祭祀や宗教でも用いられてきました。こうした要素をもつ石がお墓に用いられたことで、同じ時代でも多様な形がでてきます。また、江戸時代以降は角柱型が主流となってきます。役割としても「供養塔」から「墓碑」へと変化していきました。まずは石の特徴を三つの視点から考えてみます。

①世界で、日本で使われる石

イギリスのストーンヘンジ。イースター島のモアイ像。カンボジアのアンコール・ワット。世界には、石を用いた遺跡や建造物が数多くあります。日本でも、例えば大湯《おおゆ》環状列石（秋田県の世界文化遺産「北海道・北東北の縄文遺跡群」）は、祭祀や葬送などの儀礼を行った遺跡と考えられています。

身近なところでは、街中にも、普段見過ごしてしまうような石碑や石像などがたくさんあります。お城の石垣や枯山水の庭園などにも石が用いられています。京都・本願寺でも、阿弥陀堂や御影堂の水受けの下にある沓石《くついし》は、四隅に配置された邪鬼が大きな水受けの石を重そうに支えています。本願寺の門を出て正面通りを東に歩くと、大正時代に伊東忠太が設計した赤レンガ造りの伝道院があります。その北側と西側に面した通りには、翼を持つ象や獅子などの像をのせた石柱が並んでいます。さらに、五条通に出て東に向かうと、親鸞聖人の廟所である大谷本廟（京都市東山区）にたどり着きます。五条坂付近からの入口には、アーチ状の石橋である「めがね橋」（円通橋）が掛けられています。

②石の特性

学校で習った教科書では、人類の歴史は「旧石器時代」「新石器時代」から始まります。人類が石を利用し始めたのは、「青銅器」「鉄器」「土器」よりも古く、現代に至るまで長く私たちの生活を支えてきました。

家の土台として使う「礎石」、道の方向や里程などを記す標識である「道分石」、路傍に置かれて敷地の境界をあらわす「丸石」。石には、手に入りやすい、耐久性・耐火性が高い、そのまま使うこともできれば用途に合わせて加工もしやすい、文字などを刻むことができる、何かを象徴する、といった特性があります。

祭祀や宗教においても、自然の石をそのまま用いる、自然の石を積んだり、列や円環状に配列したりする、石を加工する、石に文字や絵を彫るなどして利用され、宗教的なシンボルやお墓、あるいは崇拝の対象にされてきました。

仏教では、釈尊の足跡を石に刻んだ「仏足石」、天然の岩壁などに仏像を刻んだ「磨崖仏」、石に彫られた仏像である「石仏」、お経の文字を刻んだ「石経」など、豊富な例があります。

③石は古くからお墓に用いられてきた

このような特性をもつ石がお墓に使われたのはかなり古く、縄文時代や弥生時代にはお墓に石が用いられていました。八世紀には、火葬した場所に遺骨を収めたお墓に石塔がたてられた例もあります。石は「墓標」ともなり、故人の埋葬地の目印ともなっていきました。

以下、古代、中世、近世、近現代の順に、各時代の墓石について、仏教との関わりに注目しつつ、墓石の特徴をみていきます。

慈恵大師良源のお墓（古代）

石塔とは、石でつくられた塔婆《とうば》（仏塔）のことをいいますが、本来は釈尊の遺骨（仏舎利）を安置する施設を指します。この「石塔」を日本でお墓に用いた最初の例とされるのが、比叡山の慈恵大師良源《じえだいしりょうげん》（九一二―九八五）です（六四頁コラム、一〇九頁）。良源は次のような遺言を弟子たちに託しています。

・あらかじめ棺をつくり、死後三日以内に火葬する。
・選んでおいた墓地に遺骨を納め、その上に仮に木の卒塔婆をたてる。
・四十九日以内に石の卒塔婆をたてる。

良源の死後、弟子たちは、遺言の通りにお墓をたてました。また、良源の門下である源信和尚（九四二―一〇一七）などのお墓も同様の形式でつくられており、「横川形式」とよばれています（六四頁コラム）。

ただ、当時、一般の方々が「墓石」を用いたかどうかは定かではありません。「土坑墓」（穴を掘って遺骸を土で覆って埋めたお墓）のほか、河川の河原などに遺棄されることが多かったようです。

中世の石塔類

大規模な戦乱や飢饉、災害などが断続的に起こった中世では、「板碑」「五輪塔」「宝篋印塔」など多様な種類の石塔がたてられました（五八頁コラム）。

十二世紀以降、西日本を中心に広がった「五輪塔」は、下から方形、円形、三角形、さらに半月形と宝珠形の二つの飾り石を重ねたものです。墓地の中心に置かれ、そこに納められたすべての死者の「総供養塔」の役割を果たしました。そこから地域的・集団的な信仰の場が形成されました。十三世紀には、遺骨を納入して墓塔とする例がみられ、各地で石塔と納骨が一体化していきました。「五輪塔」と同じ頃から、「宝篋印塔」も増え、室町時代にはお墓として多くたてられました（六〇頁コラム）。

十三世紀以降、関東を中心に急速に「板碑」がつくられていきました（六二頁コラム）。板碑は、四角形の板状に加工したもので、東北地方で約一万基、関東地方で約四万基が確認されており、板碑の建立には納骨を伴うこともあったとされています。

十五世紀以降は、「ラントウ」などと呼ばれる仏堂をかたどった墓も多くつくられています。

近世の墓石

現代につながるお墓が形成されていったのが近世で、墓を持つことが一般化していきました。中世・近世から現代までを含む墓石の悉皆調査が進んだことで、墓石の建立年代や形態の変化、地域差などが明らかとなってきました。

【建立年代】

・十七世紀半ば～十八世紀初頭にかけて急増傾向

・十八世紀後半からは緩やかな減少傾向

【墓石の形態】

・十七世紀～十八世紀は地域差が激しい

・十八紀後半以降、全国的に斉一性が強まる

近世の墓石としては、舟形《ふながた》・櫛形《くしがた》・駒形《こまがた》・笠付・五輪塔・宝篋印塔などさまざまな形が確認されていますが、近世後期には「櫛形」「角柱型」のお墓が増えていきます。

近代以降の墓石

近世に主流となった「角柱型」の石塔は、近代以降も広く用いられています。また、

公園墓地（三六頁）の普及に伴い、洋型の墓石も浸透し、さらに個人の趣向に合わせて加工した石も、現代では用いられるようになりました。

三、お墓に刻まれる文字

最後に、「どのような」文字がお墓に刻まれてきたのかをみていきたいと思います。石に文字や絵を彫ることは、古くから行われてきました。現代のお墓にも、墓石正面に仏教語や家を象徴する文字、側面・裏側や法名碑などに埋葬者の名前や没年、お墓を建立した年月日などが刻まれます。

時代の変化に応じて、死者への意識や葬り方も変わっていく中で、刻まれる文字や内容も変化していきますが、自身の大切にしてきたもの、家や宗教に関する言葉、後代に伝えるべき事柄など、現代にも通じるものが古くからみられます。

古代の「喪葬令」と墓誌

八世紀につくられた養老律令に「喪葬令《そうりょう》」という法令があり、埋葬地に関する記述や、お墓には碑をたてて冠位や名前を記すことが規定されています。この内容が実際にどの程度行われたのかについては疑問がもたれてもいますが、近畿地方などの古墳は、その規模が縮小傾向にあったといわれています。

飛鳥時代・奈良時代のお墓には、墓誌《ぼし》を伴うものが含まれており、被葬者や紀年銘がわかるものも知られています。この頃から、誰が埋葬されたのか、いつ埋葬されたのか、といった内容がお墓に刻まれていました。

中世石塔に刻まれた文字

中世になると、多様な形の石塔にさまざまな図像や文字が刻まれるようになります。「五輪塔」は、地・水・火・風・空を象徴する五つの石を積み重ねたものです。それぞれに、「梵字《ぼんじ》」（古代インドの文字。中国で密教を学んだ僧などにより日本に伝えられたもので「悉曇《しったん》」とも呼ばれる）が刻まれます。

一方、東日本を中心に広くつくられた「板碑」には、梵字や図像であらわされた仏、造立の年月日や趣旨が刻まれています。十四世紀までは武士や土豪の者が多く、十五世紀に入ると農民も造立し、男女を問わず弔いの対象となっていたことが判明しています。板碑の正面に「六字名号」を刻んだものも多くあり、造立趣旨をみても、極楽往生を願って造立されたことが多かったようですが、次第に講や結衆などによる民間信仰的なものに移行していったと考えられています。

ただ、板碑は十四〜十五世紀にはほとんどみられなくなり、それと入れ替わるように、関西方面で死者の名を刻んだ小型五輪塔が登場し、十六世紀には大量に制作されるようになりました。

板碑や五輪塔には戒名や没年月日など個人の記録を刻むものがありますが、板碑には

「死者の名」が刻まれていないこと、遺体や遺骨の所在地を示す墓石ではないことなどから、近世の墓碑とは異なるとの見解があります。十五・十六世紀頃を境として不特定多数を対象とする「供養塔」から、特定の人物に個別に対応する「墓標」へと性格を変えていったと考えられています。

近世墓石に刻まれる文字

近世にも、さまざまな形の墓石がみられますが、次第に角柱型へと移行し、そこに刻まれる文字も変化していきました。その文字から次のような変遷があったようです。

第一に、個人単位で入るお墓です。十六世紀から十八世紀半ばにかけて、一つの墓石に一人の戒名・法名が刻まれるものが増えていきます。第二に、複数入るお墓です。十八世紀以降浸透し、十九世紀以降、個人墓を凌駕するようになったもので、男女二名（夫婦か）の戒名・法名、または二名以上の戒名が刻まれています。第三に、「先祖代々」

「先祖累代」といった先祖の文言を刻むお墓です。十八世紀後半以降、少しずつ増えていきます。

近世では、もともと個人単位で入っていたお墓が、一つの墓石で複数の死者を葬るようになり、さらには先祖代々のお墓を建立するようになっていったことが、刻まれた文字からわかるのです。

近代以降拡がった「○○家之墓」

十九世紀末以降、「家」意識の高まりに伴って、「○○家之墓」と刻んだ墓標がみられるようになります。ただし、画期的な一つの転換点があったというよりは、時間をかけて個人墓から家墓へと移行していったと考えられており、

人びとが十六世紀～二十世紀という長い年月をかけて、墓石に家意識を投影してい

く様相が読み取れる

（勝田至編『日本葬制史』二三〇頁）

といわれています。家単位で戸籍が作られ、戸主に権限を集中させる「家」制度は、戦後の民法改正によって廃止されましたが、お墓には「家」や「継承」といった要素が今も色濃く残っています。

現代の墓石には、「〇〇家之墓」「先祖代々之墓」ばかりではなく、「ありがとう」「やすらぎ」「静」など、任意の言葉が刻まれる例が報告されています。家名ではなく宗教に関する言葉や、個人の趣向に合わせた言葉が刻まれるようになり、それらと「家名」や「家紋」が共存するようになったといわれています。

浄土真宗のお墓

ここまでは、古代から近現代まで時代別に、お墓に刻まれる文字から各時代のお墓の特徴をうかがってきましたが、最後に仏教・浄土真宗のお墓の特徴を確認したいと思います。

仏教においては、宗派によって異なりますが、例えば、「南無阿弥陀仏」（浄土宗・浄土真宗など）、「南無釈迦牟尼仏」（臨済宗・曹洞宗・黄檗宗）、「南無妙法蓮華経」（日蓮宗）、あるいは梵字などが刻まれます。

浄土真宗のお墓に刻まれる文字について、真宗民俗学を専門とする研究者である蒲池勢至氏は、大谷本廟（京都市東山区）をはじめとする浄土真宗の各地の寺院墓地にみられる石塔の墓碑銘を、次の八つに分類されています。

A法名　B南無阿弥陀仏　C倶会一処　D骨墓

E墳墓　F塚　G惣墓　H他

故人の法名や浄土真宗の教えに基づく内容が刻まれているもの、墓や遺骨の収蔵をあらわすもののほか、家単位ではない共同墓所としての「惣墓」、さらには「本願力」「大悲往還」「謝恩」といった教えに関する文字が刻まれるものもあり、これらは浄土真宗のお墓の特徴ともいえます。

浄土真宗のお墓に「南無阿弥陀仏」と刻まれるのは、み教えと深く関連しており、末本弘然『浄土真宗 新・仏事のイロハ』（本願寺出版社）では、

ご先祖や亡き人を偲ぶ上でも、人生無常の理をかみしめる上でも、つねに私の依りどころとなってくださるのが阿弥陀さまだからです。（九一頁）

と説明されています。また、『仏説阿弥陀経』に説かれる「倶会一処《くえいっしょ》」という言葉が刻まれるのは、阿弥陀仏の救いによって、いずれは私たちも浄土に生まれて、先に浄土に往かれた懐かしい方々と再び会える世界があるということをあらわしています。

では「南無阿弥陀仏」や「倶会一処」はいつごろから刻まれるようになったのでしょ

うか。実は、この時期から始まった、と定めることは難しいようです。

親鸞聖人の生涯を描いた『善信聖人絵』琳阿本（本派本願寺蔵）によると、石塔に「南無阿弥陀仏」の六字が刻まれていることが確認できます。また、「南無阿弥陀仏」と刻まれる石塔としては、親鸞聖人の直弟である真仏上人（高田派第二世）の五十四回忌にあたる年にたてられた報恩塔（埼玉県蓮田市）などが知られていますが、供養塔と位置づけられています。

石塔の建造が門信徒に広がっていくのは近世以降と考えられます。石塔の普及については、江戸時代に本願寺で制作された『故実公儀書上』のうち、「石塔尋之事」と題する一八〇七（文化三）年の記事が参考になります。

当本山ニおいて石塔之義ハ形チ定法無御座候事故、施主存寄次第為建候事ニ御座候

（『真宗史料集成』第九巻・七五〇頁）

これによれば、石塔の形などに決まりはなく、施主の希望によっていたと考えられますが、こうした事項が記録されていることから、この頃には石塔の建造が広く行われていたと理解できます。

四、お墓の歴史を概観してみえてきたこと

お墓は、いのちのつながりを感じるメルクマールとして、時には家族単位として、時には地域ぐるみで、あるいは社会全体で、多様な展開をみせてきました。仏塔、供養塔、墓碑などさまざまな要素が変化、複合し、形や意味を変えながら営まれてきたのです。

日本古代から近現代にかけてのお墓の変遷をまとめるとするならば、墓石の形としては、中世に隆盛した「五輪塔」や「板碑」などさまざまな形があること、中世には既に、仏教関連の文字、法名、造立の由縁や年月日などが石塔に刻まれていたこと、同じ時期に「共同墓地」が形成されたことなどが確認できました。その後、近世・近代に

至って、現在多くみられるような四角柱の石材を用い、家族や先祖を単位として入るお墓が増えていきました。

本章では、このような変遷を、「石」「刻まれる文字」「共同墓地」「寺院」といった項目から概観してきました。この四点を最後にまとめることで、結びにしたいと思います。

①石

かたさや耐久性など素材のもつ特性から、古くから用具や標識など生活に密着した場面や、仏教や儀礼において用いられてきました。中世以来、板碑や五輪塔など「石塔」として長く用いられ、次第に「墓碑」となって、故人の埋葬地としての目印にもなっています。

②刻まれる文字

「○○家之墓」「先祖代々之墓」は江戸時代以降の比較的新しい形であり、それ以前からさまざまな文字などが刻まれてきました。正面には例えば「南無阿弥陀仏」など名号や経文といった仏教関連の文字や法名などが刻まれ、側面や裏面にも施主や生没の年月日などが刻まれます。これらの例は、中世の石塔から確認されています。

③共同墓地

近代以降、個人のお墓から家墓へと移行していきました。それ以前の中世では、集合的なお墓である「共同墓地」が各地にみられます。これらは血縁に限らない結びつき（地縁共同体など）による「開かれた」墓地であり、こうした例は、歴史上にいくつも確認できます。

④寺院との結びつき

天皇陵の近くにたてられた陵寺、葬送地にたてられ区域を管理する墓寺など、古代から葬地と寺院との結びつきがみられます。中世末から近世にかけては、寺院の境内墓地が広まっていきました。

【コラム①】さまざまなお墓

日本では実にさまざまな形態のお墓がつくられてきました。ここでは、本文中に出てきたお墓について代表的なものをみていきたいと思います。

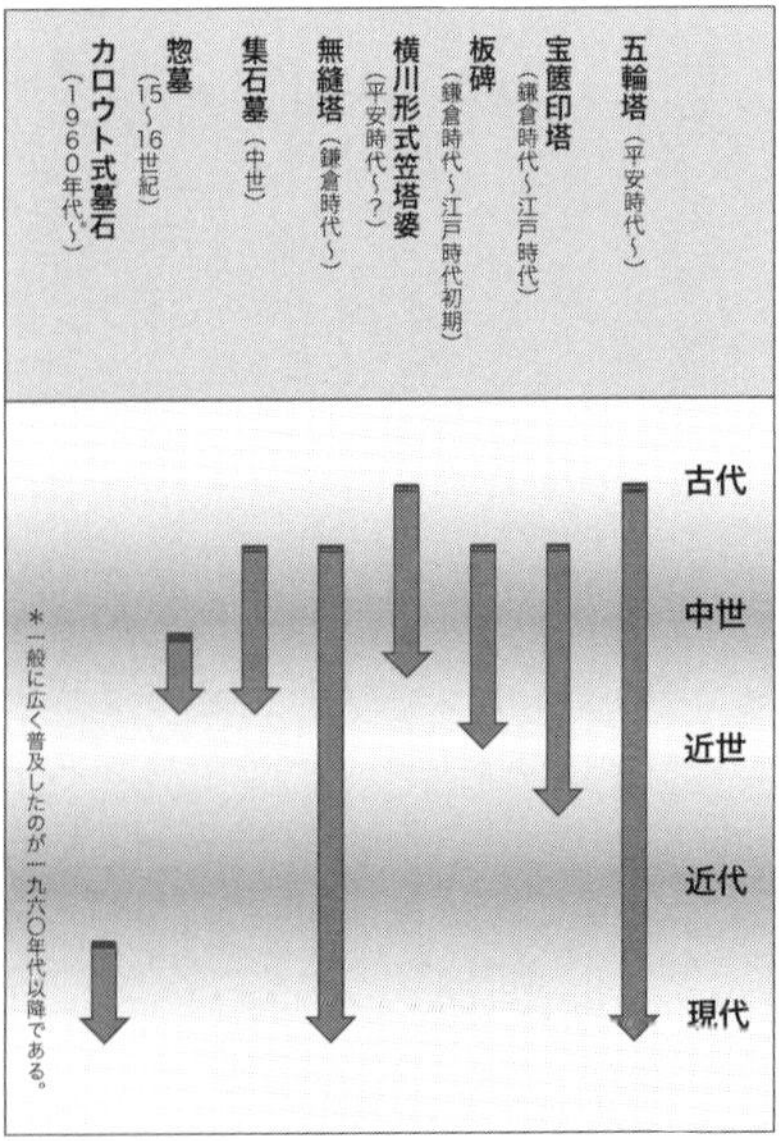

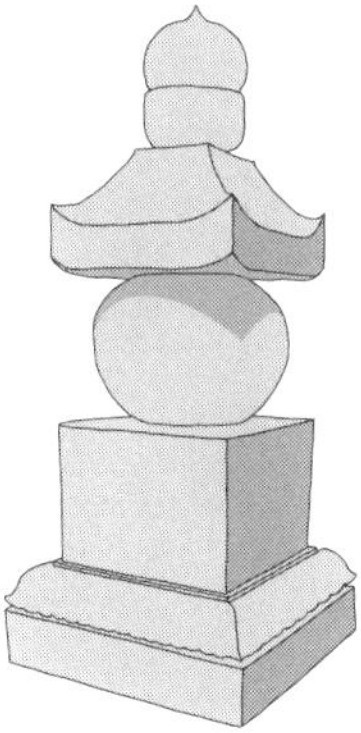

五輪塔（平安時代〜）

五輪塔《ごりんとう》は、日本の中世において最も多くつくられた石塔の一つです。現在、年代が確認できる最も古い時代のものに、中尊《ちゅうそん》寺釈尊院《じしゃくそんいん》（岩手県平泉町）の一一六九（仁安四）年建立の五輪塔などがあります。

五輪とは、五体や五大ともいわれ、仏教で森羅万象を構成する五つの要素と考えられている地・水・火・風・空の総称です。塔の下段から、それぞれを形取った地輪（方形）水輪（円形）火輪（三角形）風輪（半円形）空輪（宝珠《ほうしゅ》形）で構成されています。真言密教の教えに基づいた形であると考えられており、供養塔や舎利《しゃり》容器としても用いられました。平安時代につくられた五輪塔から、個人の名前が刻まれたものがみつかっていて、当時から亡くなられた人の追善供養のために用いられていたことが確認されています。なお、五輪塔という言葉は、中国で書かれた仏典にもみられますが、石造の五輪塔は日本でしかみつかっていません。

宝篋印塔（鎌倉時代〜江戸時代）

宝篋印塔《ほうきょういんとう》は、五輪塔と同じく中世に多く建立されました。起源については諸説ありますが、中国南部の海沿いの地域で宋の時代（九六〇〜一二七九）につくられた宝篋印塔が多数発見されており、これらが日本のもののモデルになったと考えられています。

日本では、時代や地域によって形に違いがみられますが、基本的に下から基礎・塔身・笠・相輪で構成されていて、笠の四隅に施された三角形の飾りが特徴的です。また、塔身には仏像やそれらを梵字《ぼんじ》一字であらわした種字《しゅじ》が刻まれ、多くが供養塔として建立されました。

現在日本で確認されている最古の宝篋印塔は、高山寺《こうさんじ》（京都市右京区）にある、明恵上人《みょうえ》（一一七三ー一二三二）の頭髪や爪を納め供養した髪爪塔とされています（ただし、塔そのものに年代の記載は無く、高信《こうしん》『高山寺縁起』によって一二三九（暦仁二）年建立と推定されています）。鎌倉時代に多くつくられ、室町時代に入ると墓標として広く普及しました。

板碑（鎌倉時代～江戸時代初期）

板碑《いたび》は、板石塔婆《いたいしとうば》ともいわれる長方形の板状の石造卒塔婆《そとば》です。卒塔婆とは、仏塔を模したもので、日本では追善供養のために用いられました。

十三世紀から関東地方を中心に全国に広まり、江戸時代初期までつくられました。関東地方で約四万基の板碑がみつかっていますが、その内約三万基は埼玉県と東京都で確認されています。この関東地方にみられる板碑は、武蔵型板碑と呼ばれ、頭部は三角形の形をしており、その下に二条線が刻まれています。この武蔵型板碑で現存最古のものは、埼玉県熊谷市にある一二二七（嘉禄三）年に建立されたものです。その他に、自然石をそのまま用いたものなども残っており、地域によってさまざまな特徴があります。

板碑の正面には、主に仏像やその仏をあらわした種字が刻まれ、その仏を供養することや死者の追善供養のために用いられました。その他に、「南無阿弥陀仏」の名号や「南無妙法蓮華経」の題目が刻まれたものなども確認されています。十四世紀頃から墓標としての役割を担うようになりました。

なお、親鸞聖人の弟子である真仏《しんぶつ》上人（一二〇九―一二五八）の没後、上人への報恩の思いからたてられた報恩塔（埼玉県蓮田市）にも「南無阿弥陀仏」と刻まれています。

横川形式笠塔婆（平安時代〜）

親鸞聖人の絵伝（本派本願寺蔵『善信聖人絵』〈琳阿本〉など）に描かれている

聖人のお墓としてたてられた石塔は「横川形式《よかわけいしき》」と呼ばれるものです。四角の台座の上に六角柱（または四角柱）と思われる石柱がたてられており、上部には笠と宝珠が確認でき、柵で囲まれています。また、石塔の正面には「南無阿弥陀仏」の六字名号が描かれています（本願寺蔵『善信聖人絵』〈琳阿本〉）。

この横川形式の石塔は、比叡山横川の慈恵大師良源《じえだいしりょうげん》（九一二―九八五）が考案したものと考えられており、元々は死者を供養するためにつくられた卒塔婆の一種です（四一頁、一〇九頁）。また、聖人が七高僧として敬われた源《げん》

親鸞聖人の墓所。
（本派本願寺蔵『善信聖人絵』〈琳阿本〉）

親鸞聖人の葬送地の様子。
さまざまな形の墓石も描かれている。
（本派本願寺蔵『善信聖人絵』〈琳阿本〉）

親鸞聖人のお墓は、後に廟堂となった。
（本派本願寺蔵『善信聖人絵』〈琳阿本〉）

信《しん》和尚《かしょう》（九四二―一〇一七）の墓も同様の形式をしています。親鸞聖人のお墓は、念仏者として生きた先師の墓にならってつくられたと考えられています。

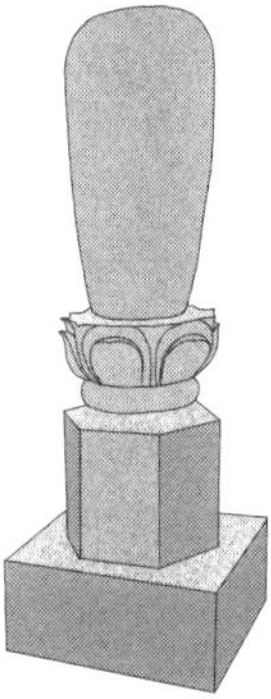

無縫塔（鎌倉時代〜）

無《む》縫塔《ほうとう》は、その形から卵塔《らんとう》とも呼ばれます。禅宗の寺院で、その寺院を開いた（開山）僧侶の墓標として鎌倉時代から用いられています。後に、歴代の住職の墓にも用いられるようになり、他宗にも広まりました。

史料の上では、中国・唐（六一八〜九〇七）の時代から確認できますが、現存する最古のものに、天童寺《てんどうじ》（浙江省）にある宋（九六〇〜一二七九）の時代に建立された塔があります。

なお、親鸞聖人の廟所である大谷本廟（京都市東山区）に設けられた本願寺第十一代顕如上人以降の歴代宗主の墓には、無縫塔が並んでいます。

集石墓（中世）

火葬した遺骸を埋葬し、その上に石を積んだ墓を集石墓《しゅうせきぼ》といいます。十三世紀に入ると多くつくられるようになりました。平安時代末期頃、当時の不安定な社会情勢を背景に、仏教の六道《ろくどう》思想のうち餓鬼道《がきどう》について描かれた『餓鬼《がき》草紙《ぞうし》』には、墓上に石を積んで塚をつくり、その上に供養塔や卒塔婆をたてた集石墓が描かれています。

惣墓（十五〜十六世紀）

惣墓とは、複数の村落で共同使用された墓地のことです。十五〜十六世紀につくられ、特に京都府南部や奈良県に多くみられます。民衆が個人で墓をたてることは困難であったことから、このような共同墓地がつくられたと考えられます。例えば、京都府木津川市の山城木津惣墓には、大きな五輪塔（一二九二〈正応五〉年建立）があり、僧侶が中心となって五つの集落の人びとが協力してたてられたことが知られています。

カロウト式墓石（一九六〇年代〜）

現代の墓地を見渡すと、一般的に和型と呼ばれる四角柱の石塔を中心とするものや、洋型と呼ばれるプレートの墓標を備えるものなど多種多様な墓がみられます。これらの墓は多くの場合、墓石の下部にカロウトと呼ばれる納骨スペースを備えおり、カロウト式墓石と呼ばれます（「カロート」と表記されることもあります）。

このような墓は、一九六〇～七〇年代にかけて、行政による火葬場の整備に伴い急速に普及しました。現在では、墓といえばこのような形式をイメージされる方が多いかと思いますが、実はこうした形が一般的になったのは近年のことなのです。

（コラム執筆：林龍樹）

第二章　納骨の歴史を探る（冨島信海）

私たちは葬儀の後、一定期間を経て、お墓や納骨堂などに遺骨を納めます。ただ、実際に納骨を行うにあたっては、「いつ」「どこに」「どのように」すればいいのか、納骨にはどのような意味があるのか、こうした疑問を抱く方は多いのではないでしょうか。

本章では、こうした問いに対して、次のようなテーマを設定して考えてみることにしました。

・「納骨堂」はどのような歴史を経て今に至るのか。
・なぜ人びとは「納骨」を大切にしてきたのか。
・仏教や浄土真宗における「納骨」とは何か。

この三つのテーマから、納骨の歴史を点描してみたいと思います。

一、「納骨堂」はどんな場所か

納骨堂のかたちは多種多様

現在、遺骨を収蔵する場として広く認識されている納骨堂には、次のような形態があるようです。

〔棚　　式〕　棚を並べ、骨壺を安置する。
〔ロッカー式〕　扉が付いた区画に骨壺を安置する。
〔仏　壇　式〕　本尊をはじめ、過去帳などを備えた礼拝空間がある。
〔自動搬送式〕　遺骨を納めた収納棚（コンテナ）が搬送されてくる。

棚や扉など形態の違い、本尊を安置して礼拝施設を設けるといった宗教的な役割、あるいは、他分野の技術やシステムの活用など、機能に応じて四種に分けて理解されています。屋内・屋外の違い、区画・収蔵スペースの大きさ、納骨の期間（一時預かりか永年か／長期か短期か）、設置主体（公営・民営・寺院ほか）など、さまざまな形式の中から、本人や遺族の希望、経済的な事情、お参りのしやすさ、継承者の有無などを総合して、選択していくことが多いようです。

では、このような納骨堂は、どういった経緯で増えてきたのでしょうか。

一時預かりから永久使用へ ～近代の納骨堂とその役割～

現在の納骨堂は、「墓地の代替」としての役割を担う施設として、近代以降につくられてきました。

【納骨堂設置の要件とは何か（明治～大正期）】

一八八四（明治十七）年に出された「墓地及埋葬取締規則」では、墓地に限って埋葬が認められました。それに少し遅れて、納骨堂設置の動きが出てきます。特に人口増などによって土地不足に陥りつつあった東京では、一九一一（明治四十四）年、政府に納骨堂設置の要請を行い、初めて納骨堂の設置が許可されました。このとき求められたのが、建物の構造上、火災や盗難などの心配がないこと、遺骨が混在しないことなどでした。

一九二四（大正十三）年には「納骨堂取締規則」が出されました。そこでは、耐火構造であること、防火扉を設けることなどの規定のほか、死者の名前や死亡年月日を明記した標札を掲げることなどが示されています。

都市における墓域の狭小という課題への対応、寺院における墓地の整理が行われていく中で、耐久性・耐火性のほか、個人の記録を残すことなどを要件として、納骨堂の設置が認められていきました。

【なぜ納骨堂が必要とされたのか】

明治・大正期に納骨堂の需要が高まっていったのは、戦争、災害、無縁者の増加といった当時の社会情勢の影響が大きかったようです。

第一に、戦争です。近代以降、日本は日清戦争（一八九四～九五年）、日露戦争（一九〇四～〇五年）、そして第一次世界大戦（一九一四～一八年）など、戦争を繰り返してきました。戦死者が大量に生じた日露戦争においては、旅順・大連・奉天などに納骨堂が設置されました。

第二に、災害です。一九二三（大正十二）年九月一日に発生した関東大震災では、死者・行方不明者が十万人を超える甚大な被害が出ました。築地本願寺や諸寺院においても大きな被害がありましたが、本願寺派では直後から臨時救済事業を展開しました。その時設置された、築地本願寺焼跡・上野公園美術館前・神田明治会館焼跡・日比谷公園旧音楽堂前の天幕救護所（九月十日～）、本所の被服廠跡の弔慰部（九月十二日～）では、それぞれ遺骨の預かりを行っています。

十月一日には、築地本願寺の主催により、上野公園博物館前で追弔法要が厳修され、このとき、京浜の罹災地における遭難死者の遺骨が集められました。これらの遺骨は震災記念堂慈光院の本尊に塗り込められたり、胎内に納入されたりしました。慈光院（一二〇頁）には、その後、本堂後部に九坪の納骨堂が設置されています。

震災後、東京では、現在の東京都慰霊堂にあたる震災記念堂が建設されました。遺灰を持ち帰りたいという遺族の思いを尊重し、出し入れ可能な方式が採られました。記念堂には約五万八千の遺骨が納められました。さらに太平洋戦争中の東京空襲の犠牲者の遺骨も慰霊塔に納められています。

第三に、困窮者、身寄りのない故人などの遺骨を収蔵するためにも納骨堂が必要とされました。現在の社会福祉法人東京福祉会の前身である助葬会では、大正から昭和初期にかけて、遺骨の保管を行うため、大小の納骨塔を建設しました。納骨数は年々増加し、小納骨塔は合葬用として使用されるようになったとされています。

【どんな納骨堂がたてられたのか（昭和初期）】

東京府下の公園・墓園等の整備に努めていたのが井下清氏です。その著『建墓の歴史』には、地上に洋風の小堂をたて地下に数十の遺骨壺を納める「家族納骨堂」や、地上の殿堂的建築物である「寺院納骨堂」などが紹介されています。こうした形式をとる意味については、地下に納める形式は「永久性」が高く「大地の内に安棲する感が深い」、また、地上に墓碑をたてることについては、「在来の習俗」によって望む声が多いと述べています。

井下氏は、具体的な納骨堂の例として、雑司ヶ谷墓地（東京都豊島区）内の永久的な共同納骨堂であることを謳う「崇祖堂」を紹介し、次のような特徴を語っています。

・在来の習俗を取り入れる。

・耐震・耐火構造である。
・祭壇室がある。
・表面に家族名や家紋などを記す。
・扉の前は祭壇とし、供華・供香が可能。
・使用期限は十五年・三十年・無期の三種。
・一年・三年・五年の短期収蔵もある。
先述の「取締規則」に関わる要素としては、
・建物としての耐火構造。
・個人の記録を残す。
が共通し、
・使用年限が短期から無期まで複数の選択肢がある。
・在来の習俗を取り入れる。

・宗教的な行為を行える。

などが加えられています。故人の遺骨を永久的に保存すること、遺された者が参拝できることが、納骨堂に求められていたといえます。

明治以降、都市に人口が集中するようになり、さらには戦争・災害などの社会状況、あるいはお墓の建立・維持・継承が困難な方が増加する中で、大量の遺骨を収蔵する施設の需要が高まっていきました。そうした中で、「永久性」を謳い、「集合的」に遺骨を収蔵でき、なおかつ習俗や宗教性が保持された納骨堂が広がっていきました。

現代の納骨堂

日本では古来より、水葬・土葬・火葬・風葬の四種の葬法が行われてきましたが、特に戦後になって火葬率が上昇し、一九六二（昭和三十七）年に六七・四％、一九七八（昭和五十三）年に八九・五％、二〇〇〇（平成十二）年以降はほぼ一〇〇％と推移してきました。全国的に公営火葬場の建設が行われ、火葬化が進む中で、各地に納骨堂が建設されていきました。

厚生労働省「衛生行政報告例（令和三年度）」によれば、墓地数870,705に対し、納骨堂数13,297であり、地域によって設置数に差があります。北海道（1,790）では早い時期から、福岡県（2,957）・熊本県（1,109）・鹿児島県（1,082）といった九州地方などでは高度経済成長期を経てから設置が進んでいきましたが、一方で、富山県（25）・山梨県（31）・徳島県（26）・和歌山県（34）など、少ない地域もあります。

納骨堂には、近現代を通じて、遺骨の収蔵という基本的な機能に、従来の慣習や習俗を継承し、宗教行為を従前通り行えるという機能を有するものとして、地域ごとに広がってきました。その「習俗」が「遺骨を大切に想い、しかるべき納骨を行うこと」であるとするならば、「遺骨への想い」をめぐる歴史をたどっていくことが、「なぜ人びとは〈納骨〉を大切にしてきたのか」を考える上で重要な鍵になってきます。

二、なぜ「遺骨」は大切にされてきたのか

茶毘《だび》を終え、最後に残される遺骨は、私たちに「死」の現実を突きつけます。大切な人の「死」を通して、自己の「生死」をも実感し、あるいは亡くなられた方への想いが遺骨に投影されたとき、その感情や想いが「納骨」という行為となってあらわれてきます。

人びとは遺骨をどうみてきたのか。どう扱ってきたのか。「遺骨」を納める行為に込められた想いを探ってみたいと思います。

遺骨への想いと「白骨」

古代中国においては、人はいのちの終わりを迎えると、「魂《コン》」（精神）は天に昇り、「魄《ハク》」（肉体）は地に帰すると捉えられ、日本においても同様に理解することが多かったようです。

これに対し、山折哲雄氏は、

「死」の問題を「霊と肉」の二元的構図のなかでとらえようとする方法にたいして、もう一つ、「霊と肉と骨」という三元的な立体構成のなかで考察する方法が、わが国の場合とりわけ有効でもあり、かつ必要でもあるのではないか。

（『死の民俗学―日本人の死生観と葬送儀礼―』岩波現代文庫版八九頁）

と指摘しています。「霊と肉」といった具合に二元的に捉えるだけでは不十分で、遺された者にとって「骨」という要素が大きな意味を持ってきたことを示唆しています。

地域や時代によって違いはありますが、「遺骨」は、遺された者が、他人の死を通して自分自身の生死を問う重要な意味をもってきました。それは死者への想いから出てくるものであり、「遺骨へのこだわりの文化」（碑文谷創『死に方を忘れた日本人』）が形成されてきたともいわれています。

その遺骨への想いをうかがう上で重要なのが、「白骨」です。平安時代中期、日本で浄土教を広めた源信《げんしん》和尚《かしょう》（九四二―一〇一七）は『往生要集《おうじょうようしゅう》』を執筆し、地獄や人間界など思い通りにならない苦しみを重ねていくしかない六道のありさまをつぶさに説きました。その中、人間を不浄・苦・無常の三つの相で捉え、次のようなことを述べています。

人間の身体は、骨が集まり支えあうことが根幹となっている。しかし、いのちを終えた後は白骨となり、離散し、歳月を経て、ついには土となっていく（不浄相）。人間は生まれるときから常に苦悩を受け（苦相）、人のいのちはとどまることなく必ず死を迎える（無常相）。

（『往生要集』取意）

源信和尚は、このような避けがたい人間のあり方から離れることを勧め、阿弥陀仏の極楽浄土に往生する念仏の道を明らかにされました。

人間の身体を支える骨も変化を免れず、ついには骨や灰となっていく。そのさまを感じる「無常観」が日本古代・中世においては通底していました。本願寺第八代・蓮如上人（一四一五―一四九九）は、『御文章』（白骨章）に、次のように語られています。

朝《あした》には紅顔《こうがん》ありて夕《ゆうべ》には白骨《はっこつ》となれる身《み》なり

（『註釈版聖典』一二〇三頁）

大切な人が亡くなり、荼毘に付した後に残されるのが白骨です。遺骨となった故人を前に、私たちは嘆き悲しむばかりです。そして私たちのもとに残された白骨は、死の現実をまざまざと感じさせるとともに、私たち自身の生死の問題を厳しく問いかけてきます。人間という存在が無常の只中にあることを知らされるからこそ、「後生の一大事」

を心にかけて、念仏往生の道を歩むべきことを、蓮如上人は強調されています。

広がる納骨信仰

遺骨への想いが行為となってあらわれてくるのが納骨です。古来、日本では、寺院などに遺骨を納める習慣はなく、一定の場所に遺体を遺棄することが多かったようですが、古代から仏教徒を中心に火葬が行われ、また、浄土教への関心が高まってくると、祖師信仰の場などに納骨する習俗、いわゆる「納骨信仰」が始まりました。

十一世紀には比叡山・法華堂などへ、十一世紀後半から十二世紀頃にかけては高野山への納骨が行われるようになります。高野山への納骨に際しては、骨を「頚《くび》に懸けて」登山する納骨儀礼が行われていました。また時宗を開いた一遍上人の事蹟を伝える『一遍聖絵《いっぺんひじりえ》』には、四天王寺や関寺《せきでら》の納骨所が描かれています。その他、中世においては、元興寺極楽坊《がんごうじごくらくぼう》（十三世紀頃から）、山寺立石寺《りっしゃくじ》（十五世紀頃から）、会津八葉寺《はちようじ》（十六世紀以前から）、佐渡蓮華峰寺《れんげぶじ》（十五世紀頃から）など各地に納骨が行われるようになりました。

祖師信仰の場などに、浄土への往生を願う人びとが結縁を求めて納骨を行うようになり、その習俗が次第に地方に広がっていきました。

浄土真宗においても、大坂（石山）時代に納骨が行われたとみられ、中世には「骨堂」とよばれる納骨の施設があったと考えられています。

「葬＝納骨」

遺骨への想いは、「葬」という字からもうかがうことができます。「葬」という字は、もともと死体（死）が草むら（艸艸）の中にある様子をあらわしており、遺体を収蔵する、おさめるという「蔵」に通じる意味がありました（『漢辞海』第四版・三省堂）。日本語としては、「葬」に「はぶる」「ほうぶる」という読みをあて、遺体を埋めること、墓所に納めることを意味しています（『日本国語大辞典』・小学館）。

私たちは、一連の「葬」の儀礼を通して、時間をかけて親しかった方の「死」を受けとめ受け入れていきます。その重要な儀礼のひとつが、「葬」の最後に行われる納骨であり、しかるべき場所に収蔵し納めるといった「葬＝納骨」には、自他の生死が問われる中で湧き起こるさまざまな想いが込められてきました。

「遺骨」は、仏教にもとづく人間観や無常観などが背景となり、時に畏怖の対象となり、時に崇敬の対象ともなってきました。故人への想いが「遺骨」を尊重する心となり、「納骨」という行為となって、今に受け継がれてきたのです。そしてお寺は、納骨を行う場としても機能してきたと捉えることができます。

三、浄土真宗における納骨 ―特に「分骨」に関して―

近年、核家族化が進展し、家族が全く異なる地で暮らすことも当たり前になってきています。お骨を一所に納める場合、お参りも難しくなってしまう。こうした現実的な問題に、私たちはどう対応していったらいいのでしょうか。

「どこに」「どのように」納めればいいのか。こうした疑問に対する一つの応答として、仏教が地域や時代を超えて伝播する上で重要な要素となってきた「舎利」、そして浄土真宗における納骨や分骨の歴史を通して、「舎利」や「祖師」を崇敬し慕う人びとが一所に集い、さまざまな人が「分骨」してきたすがたをうかがっていきます。すると、「祖師への敬慕」と「死者と生者の関係」が交わる中で、納骨の場と信仰の場が重なり合ってきたことがみえてきます。

「舎利信仰」と「納骨信仰」

紀元前五世紀頃、インドで仏教を開いた釈尊は、入滅後、荼毘に付されます。その遺骨（仏舎利）を巡って意見が対立し、最終的には八つに等分して各部族で保管されました。その遺骨は舎利容器に納められ、それを収蔵する施設として「仏塔」（ストゥーパ）が各地にたてられました。仏塔には、釈尊を慕い釈尊の教えを信奉する人びとが集い、香華を供し礼拝しました。

仏教はその後、インド各地へ、やがて東アジア地域にも広がっていきますが、そこでも仏舎利や仏塔は大きな役割を果たしてきました。日本においても舎利は信仰の対象となり、各宗の祖師・開山や高僧の墓所への遺骨の納骨をも伴っていったと考えられています。

親鸞聖人のご遺骨をめぐって

浄土真宗の「ご開山」、宗祖・親鸞聖人のご遺骨も丁重に扱われてきました。親鸞聖人の弟子である顕智上人（高田派専修寺第三世）は、聖人の葬送に立ちあった一人であり、親鸞聖人の「御舎利」を「蔵《おさ》」めたことが、専修寺に伝わる『教行信証』に記された記録（専修寺第四世専空上人による筆）によって伝えられています。その「御舎利」（親鸞聖人の御遺骨）は、顕智上人が保持していたようで、その遺品が現代に伝えられています。

親鸞聖人の墓所は当初、京都における葬送の地であった鳥部野の北・大谷の地（京都市東山区・知恩院あたりか）につくられ、一二七二（文永九）年に吉水の北（京都市東山区・崇泰院あたりか）に改められて廟堂となりました。本願寺第三代・覚如上人（親鸞聖人の曾孫）が制作した『善信聖人親鸞伝絵』（高田本）には、中央の建物の絵の傍らに「聖人《シヤウニン》遺骨《ユイコチ》をおさめたてまつるの廟堂《ヘウタウ》是《コレ》也」と記されており、廟堂は親鸞聖人の遺骨を「おさめ」る場と認識されていたことがわかります。

その他、親鸞聖人の木像や絵像に遺骨が納入され、あるいは塗り込められるなど、親鸞聖人の遺骨を巡る遺品や伝承は数多くあります。

蓮如上人とそれ以降の納骨

本願寺の教線を全国的に拡大したのが第八代蓮如上人です。上人は一四九九（明応八）年三月二十五日に示寂され、その後葬儀が執り行われました。同二十七日には遺族が「御遺骨」を拾骨し、「正骨」を白筥（はこ）に収めて白絹で包んだこと、拾骨後、人びとが火屋に入って灰や土まで掘り取って持ち帰ったことなどが記録されています。

蓮如上人の頃から、浄土真宗では「葬送中陰記」（『聖典全書』第六巻所収）が盛んに制作されました。それらには、火葬後、

・「首骨」を「桶」に入れて持ち帰って勤行した。

・「拾骨」「灰」は桶に入れ「墓」「塚」に埋めた。

ことが記録されています。「首骨」は、「主要な骨」なのか、「はじめに拾う骨」なのか、文字通り「頚の骨」なのか、定かではありませんが、中世の辞書である『類聚名義抄』（観智院本）には、「骨」の和訓として「クヒホネ」と記されています（『日本国語大辞

典』)。私たちが「喉仏」と呼ぶような骨であろうとも考えられます。

そして第十一代・証如上人の中陰時には、「御骨」が親鸞聖人のお厨子の下に納められたことも記録されています。

本山に納めるということ

浄土真宗本願寺派の本山・本願寺は、親鸞聖人の墓所に廟堂がたてられたことに由来します。覚如上人が『親鸞聖人伝絵』の前年に制作した『報恩講私記』では、聖人の遺骨を納める廟堂には、聖人を慕う人びとが全国各地から集い、「遺骨を拝し」(『註釈版聖典』一〇七二頁)ていたと語られています。そうした場に「葬」の儀礼の最終段階である「納骨＝分骨」を行うことで、「後世のこと」の問題が自分自身のこととして、より実感されていったのではないでしょうか。

臨終から葬送、納骨といった一連の葬送儀礼の過程の中で、自他のいのちの行方を思い、その場において、亡くなられた方も残された者もともに浄土に導いて救おうと誓われた阿弥陀仏の願いを聞いていかれたことと思われます。

江戸時代の初めに現在の地に移転した大谷本廟は、境内・墓地・納骨堂などが次第に整備されてきました（一〇三頁コラム、二〇六頁）。親鸞聖人の廟地に全国の門信徒が寄り集まり、大切ないのちを生き抜いた方を偲びつつ「分骨」を行い、み教えを聞いていく場として、長い歴史をかけて形成され受け継がれてきたのです。

四、同じ場に、時代を超えて

近年は、家族の形の変化、後継者不在などにより、「墓」をまもり切れない現実に多くの方が直面されています。「いつ」「どこに」「どのように」納骨すればいいのか。こうした不安を抱える方々が安心して「葬」の儀礼を執り行うにはどうすればいいのか。この難問に答えていくことを課題として、本章では「納骨堂」の歴史を確認することから始め、さらに歴史を遡ることで、仏教や信仰といったつながりを基盤とする納骨に、そのヒントを見出すことにしました。

近代以降広がっていった「納骨堂」は、「遺骨を収蔵する」という基本的な役割を集合的に行うことであり、そこに、お墓に求められる継承や記憶に関わる「永久性」や「個人性」などの機能が加わりました。同時に、「習俗」や「宗教性」が大切にされ、多くの人びとが納骨する場として設置が進んできました。

その「習俗」や「宗教性」が重なりあうのが、中世以来行われてきた祖師信仰の場などへの納骨です。本願寺の歴史も、宗祖・親鸞聖人を慕う人びとが参集するところからはじまり、その場に故人の遺骨を納めることを機縁として、ともに浄土真宗のみ教えを聞く場として受け継がれてきました。

この世を生き抜いた「個」の記憶が、血縁とも地縁とも異なる宗教的なつながりを基礎として形成された共同的な納骨の場に集積され、時代を超えて持続的に共有されてきました。このことをしっかりと受け止めることが、これからの納骨を考えていく上で大切な意味をもつことと思います。

【コラム②】浄土真宗とお墓

聖徳太子、法然聖人、そして親鸞聖人や本願寺歴代などのお墓を取りあげて、浄土真宗のお墓の特徴をみていきたいと思います。

聖徳太子　五七四―六二二　飛鳥時代

墓所：磯長廟（大阪府・叡福寺北古墳）

「和国の教主」とも讃えられる聖徳太子は、没後、磯長《しなが》の地（現在の叡福寺）に廟所がつくられました。同地には、太子の母の穴穂部真人皇后、妃の膳郎女の棺が納められているとされ、「三骨一廟」とも呼ばれています。太子のお墓は、太子信仰の進展とともに注目を集め、弘法大師空海や慈鎮和尚慈円など諸僧が参拝したとされ、親鸞聖人も十九歳の時に参拝したとの伝承があります（五天良空『親鸞聖人正統伝』、『真宗史料集成』第七巻三一九頁上）。

次の親鸞聖人の真筆や制作などからは、三骨一廟への深い関心がうかがえます。

はこの蓋の銘にいはく　今年かのとのみのとしに
かうちのくにいしかわに　しながのさとに勝地あり
墓所を点じおわりにき　われ入滅のそのゝちに
四百三十余歳に　この記文は出現せむ
（『皇太子聖徳奉讃』第六〇・六一首、『聖典全書』第二巻・五四六〜五四七頁）

ここには、太子の没後四百三十年あまりの一〇五四（天喜二）年に太子廟付近から太子の記文が出現したことが述べられており、そのご文を「廟窟偈《びょうくつげ》」

といいます。親鸞聖人は、「三骨一廟文」を書写しており、その真筆が今に伝えられています。また、六角堂夢想の時に得られた文とされる「親鸞夢記云」「六角堂夢想偈文」（いずれも真仏上人書写）も伝わっています。

法然聖人

一一三三―一二一二　平安～鎌倉時代

墓所：知恩院（京都市東山区）・金戒光明寺（同）・光明寺（京都府長岡京市）など

法然聖人は、生前、「あとを一廟にしむれば遺法あまねからず。予が遺跡は諸州に遍満すべし」（『法然上人行状絵図』・『法然上人伝全集』二四二頁）と述べていたと伝えられています。

示寂後は、現在の知恩院の地に墓廟がたてられましたが、残された法然聖人の門弟と比叡山との軋轢の中で、嘉禄の法難（一二二七年）がおこり、比叡山の衆徒によって墓廟が破壊されてしまいます。その計画を察知した門弟達は、事前に遺骸を掘り起こし、嵯峨の地（現在の二尊院）に移し、さらに粟生《あお》の地に移して火葬されたと伝えられています。その遺骨は弟子達によって分骨され、粟生の地には廟がたてられて光明寺となり、嵯峨の二尊院、知恩院、金戒光明寺などにも納められています。

親鸞聖人　一一七三―一二六三　鎌倉時代

墓所：大谷本廟（京都市東山区）ほか

浄土真宗の宗祖・親鸞聖人は、一二六三年一月十六日（弘長二年十一月二十八日）に示寂され、延仁寺で荼毘に付されます。『親鸞聖人絵伝』諸本の絵相によれば、基礎となる石を積み重ね、その上に細長い石塔を置き、上部に笠をかぶせたもので、四方を柵状の石で囲った「横川形式」のお墓がつくられました（六三頁コラム）。

同じく『親鸞聖人伝絵』によると、示寂後十年にあたる一二八一（文永九）年に吉水の北の地（現在の崇泰院）に移転されて大谷廟堂となりますが、石塔を覆うように廟堂がたてられ、影像が安置されていきます。その様子は琳阿本（本願寺蔵『善信聖人絵』）や康永本（真宗大谷派蔵『本願寺聖人親鸞伝絵』）などに描かれています。

恵信尼公

一一八二―一二六八頃　鎌倉時代
墓所：恵信尼公廟所（新潟県上越市・本願寺国府別院飛地境内地）

親鸞聖人の妻である恵信尼公は、越後や東国などで親鸞聖人とともに生活した後、晩年を越後で過ごしたと考えられています。親鸞聖人の示寂後には、末娘の覚信尼公とお手紙のやりとりをしていますが、『恵信尼消息』第五通（『註釈版聖典』八一八頁）によれば、恵信尼公自身は、死後「五重」の石塔の建立を望んでいたことがうかがえます。

一九五六（昭和三十一）年に、「比丘尼墓」と呼ばれる五輪塔が発見され（上越市板倉区米増）、恵信尼公のお墓であると考えられています。

覚如上人　一二七一―一三五一　鎌倉末期～南北朝時代

墓所：西山別院（京都市西京区）ほか

『親鸞聖人伝絵』を制作し親鸞聖人の示寂やその後の廟所の様子を描いたのが

本願寺第三代である覚如上人です。観応の擾乱（一三五〇—一三五二）の最中に示寂された覚如上人の葬儀の様子は、覚如上人の伝記である『慕帰絵』や弟子の乗専による『最須敬重絵詞』、長子の存覚上人による『存覚上人一期記』『存覚上人袖日記』（いずれも『聖典全書』第四巻所収）などに記されています。『袖日記』によれば、親鸞聖人の葬儀にならって行われ、お墓は「禅尼」（覚如上人の妻・善照尼）ゆかりの地である河島（現在の本願寺西山別院）に建立されました。

蓮如上人　一四一五—一四九九　室町時代

墓所：蓮如上人廟所（京都市山科区）ほか

晩年、大坂の石山御坊（後の大坂本願寺）などで暮らしていた本願寺第八代・蓮如上人は、山科本願寺に移り、最期の日々を送ります。一四九九（明応八）

年三月二十五日に八十五歳で示寂された後、二十七日には火葬され、その地に廟所がつくられました。塚には松の木（数珠松）が植えられたと伝えられています。現在の廟所は、周囲が塀で囲まれ、東面に唐門がたち、内部には八角の石柵があります。

大谷本廟　江戸時代以降
京都市東山区

一六〇三（慶長八）年、知恩院の寺地拡張に伴い、親鸞聖人の廟地は現在の五条坂の地に移り、新たに祖墳を築いて廟所とされました。旧廟地付近にあった覚信尼公（親鸞聖人の末娘）・覚恵上人（覚信尼公の長男）・従覚上人（覚如上人の次男）、本願寺第四代善如上人（従覚上人の子）らの塚は、北谷廟所の近くに築かれました。一六〇六（慶長十一）年には仏堂が建立されましたが、親鸞聖人四百回忌に併せて南谷へ移され、一六六〇（万治三）年に仏殿を建立、一六六一（寛文元）年には北谷にあった顕如上人・准如上人の墓も祖壇の左右に改葬されます。以降、歴代宗主の墓が祖壇の両脇に建立されていきます。

大谷の地には、次第に諸国の門末が納骨するようになり、当初は毎年夏に集まった遺骨を歴代墓所の背後に合葬埋骨されていました。しかし、墓所の造営を望む門末は多く、一六六一（寛文元）年京都九条の西光寺に墓所の造営が許可され、以降、大谷墓地に墓所が造営されていきます。一七七二（安永元）年には八〇〇〇基、一八五六（安政三）年には一万二〇〇〇余基まで増えたといわれています。その後も、親鸞聖人の大遠忌などを機縁として度々整備・修復され、現在の大谷本廟が形作られてきました（二〇六頁）。

（コラム執筆：冨島信海）

第三章　生活に根づいてきた墓参り（塚本一真）

一、墓参について

墓参は、今日、私たちの日常に根付いた慣習の一つといってよいでしょう。お盆やお彼岸あるいは命日に、墓を訪れ亡き人に想いをはせるということは、今を生きている私自身を振り返ることに他なりませんし、仏さまの教えに心が向けられていく大きな縁となっているに違いありません。

歴史を振り返れば、墓とは時代や地域によってそのあり方は異なり、必ずしも誰にでも造営されたものではありません。例えば、よく知られているものに『餓鬼草子』があります。平安時代の末期から鎌倉時代に入る動乱の社会情勢を反映した絵巻です。その中には、墓所と思しき情景が描き込まれています。盛り土、石塔、木の柵など、そして野ざらしで放置された姿もみられるのです。それでは、墓があれば必ず墓参されたのかというと、参る墓と埋葬された墓との両方が設けられ、埋葬された墓にはお参りすることがないという習慣もあります。また、古代の遺跡において、王族や貴人の遺骨が発見されることがありますが、これは、その場所が時代を経れば忘れられ、墓参は必ずしも永続的なものではないということを示しているといえるでしょう。それでも、私たちには、家などの集団を単位として、みなが集まり、華を手向け、手を合わせ、畏敬の念や懐かしい思いをそれぞれに抱えて、墓参してきた歴史があり、今も続けられています。

墓をどのようにたててきたのか、また、たてられた墓に対して、人びとがどう向き合い、参る行為を継続してきたのかは、とくに民俗学や歴史学の分野では、今日でも研究が重ねられています。本章では、それらの研究成果によりながら、現代の私たちの生活習慣の一つである定期的な墓参の源流と展開を探ることを目的として、お墓の歴史の一端をひもといてみたいと思います。

二、墓参の萌芽と展開

①墓参はいつ頃から

故人に対する追慕の念や亡くなった方を縁とした墓参は、いつ頃から行われるようになったのかをみていきましょう。

実は、墓を定期的に訪れる習慣そのものは一般的ではありませんでしたが、すでに摂関家にはあったといわれています。例えば定期的な墓参について、

仏事は寺院で行うことが多いので必ずしも墓参と結びつかないが、年忌が次第に長くなってくるのは、定期的な墓参の習慣が生まれたために、この世に長い間霊がと

どまっているという観念が広がってきたことが背景にあるのかもしれない。十世紀の藤原忠平は若いころ毎年のように木幡にある父基経の墓に参っていたが、その後の時代の貴族は大臣になった慶び申しのときぐらいしか墓参しなくなったし、盂蘭盆の盆供は『盂蘭盆経』の説くところに基づいて寺院に送って僧を供養していた。もっとも藤原実資などは毎年の元日に木幡の墓地を家から遙拝していた

（勝田至編『日本葬制史』一四五頁）

と年忌仏事との関係の中で述べられ、また、「鎌倉時代になると盂蘭盆《うらぼん》などの行事としての墓参が史料に現れ始める」とも指摘されています。これらの記述から、墓参が定期的に行われること、仏事に影響していること、墓参の形態は時期（慶事／お盆）や方法（遙拝《ようはい》）が多様であったことなどがうかがえます。このように、仏事や盂蘭盆などの行事に紐付けられた墓参もすでに、この頃にみられるようになっています。ここに、現代

につながる墓参の萌芽をみることができます。

墓の形態はさまざまです。そのため、墓としてのしるしといえるものがない場合には、「墓参」という行為をみていくのには難しいところがあります。そこで、ポイントとなるのが石塔です。現代でも多くの方にとっての基本的なイメージは、石塔＝墓ではないでしょうか。このように、墓として石塔が建立されるのは、十世紀後半頃のことだと考えられています。

その最初の人物は、比叡山の第十八代天台座主慈恵大師良源（九一二―九八五）だといわれています（四一頁、六四頁コラム）。良源は、学問・政治の両方に精通し、「叡山中興の祖」といわれる人物です。藤原師輔《ふじわらのもろすけ》ら摂関家に支持され、比叡山内の横川地域の整備をはじめ、すべての生きとし生けるものの成仏について行った法相宗との対論（応和の宗論）で名声を得るなど多方面にわたり活躍しました。良源は、自分が亡くなった後には、墓に石造の卒塔婆をたてるように遺言し、その石塔を「遺弟ら時々来礼の表示なり」（遺された門弟らが来礼するための表示）としています。これは参ることが意図された石塔であり、現代的な形式の源流の一つといえるでしょう。

②浄土真宗における墓参

次に、浄土真宗における墓参についてみていきたいと思います。親鸞聖人の生涯の伝記絵巻である『親鸞聖人伝絵』には、親鸞聖人の葬送に続けて、

> 遺骨《いこつ》を拾《ひろ》ひて、おなじき山《やま》の麓《ふもと》、鳥部野《とりべの》の北《きた》の辺《ほとり》、大谷《おおたに》にこれをおさめをはりぬ。しかるに終焉《しゅうえん》にあふ門弟《もんてい》、勧化《かんけ》をうけし老若《ろうにゃく》、おのおの在世《ざいせ》のいにしへをおもひ、滅後《めつご》のいまを悲《かな》しみて、恋慕涕泣《れんぼていきゅう》せずといふことなし。（『註釈版聖典』一〇五九頁）

と大谷の地に遺骨を納めたことを記し、そして、臨終に立ち会った門弟たちや親しく教

えを受けた者たちが、親鸞聖人の在世の頃を想い、追慕の念を抱えて涙を流さずにはいられなかった様子が示されています。また、この親鸞聖人の墓所は、後に廟堂を建立することになって場所を移転していますが、

その稟教《ほんぎょう》を重《おも》くしてかの報謝《ほうしゃ》を抽《ぬき》んづる輩《ともがら》、緇素老少《しそろうしょう》、面々《めんめん》に歩《あゆ》みを運《はこ》んで年々《ねんねん》廟堂《びょうどう》に詣《けい》す。

（『註釈版聖典』一〇六〇頁）

とあるように、親鸞聖人の流れを汲む者たちの中でも、受け継いだ教えを大切にし報謝の思いを強くもつ者は、僧侶も一般の者も、老いも若きも、それぞれ年ごとに親鸞聖人の廟堂まで足を運んでいたことが知られます。

よくいわれることに、浄土真宗では墓に重きを置かないということがあります。それは、親鸞聖人の曾孫である覚如上人が制作した『改邪鈔』第十六条にある次の言葉によ

るものと考えられます。

かつは本師聖人《ほんししょうにん》（親鸞）の仰《おお》せにいはく、「某《それがし》 親鸞 閉眼《へいがん》せば、賀茂河《かもがわ》にいれて魚《うお》にあたふべし」と云々《うんぬん》。（『註釈版聖典』九三七頁）

これによれば、親鸞聖人自身が、自分が亡くなったならばその亡きがらは、賀茂川に流して魚のえさにしてほしい、と言ったということになります。しかし、その内容は、覚如上人自身がこの言葉に続けて、

これすなはちこの肉身《にくしん》を軽《かろ》んじて仏法《ぶっぽう》の信心《しんじん》を本《ほん》とすべきよしをあらはしましますゆゑなり。（『註釈版聖典』九三七頁）

と述べているように、亡きがらに執着するのではなく、阿弥陀仏の教えをそのままに聞き入れることを大切にするという主旨です。『改邪鈔』の内容は、「仏法の信心」を重視するものであって、決して墓や葬儀を営むことを禁じるといったものではないでしょう。そうでなければ、覚如上人をはじめ家族や門弟が親鸞聖人の意に反して、葬送を行い墓所を営み、後世にその習慣を残したということになってしまいます。しかし、親鸞聖人を敬い、その教えを慶ばれていた人びとの行動として、それは考えにくいことです。また何より、さまざまな縁にふれ、亡き大切な方を思い、阿弥陀仏の教えを聞いていくことが否定されようはずがありません。

また、同時代の例として、「没後の事は、我門弟におきては葬礼の儀式をとゝのふべからず。野にすてゝけだものにほどこすべし」（岩波文庫『一遍聖絵』、聖戒編／大橋俊雄校註、二〇〇〇年、岩波書店、一四二頁）と語っていたとされる一遍上人の言葉がありますが、そこでもやはり葬送や埋葬にとらわれないといった考え方が示されていますが、一遍上人が亡くなった後には、残された門弟たちによって、廟堂と五輪塔が営まれているのです。

今日の私たちでも同じですが、自分では自身の墓は必要ないと思っていても、遺された者としては、何かしらをもって、亡き方を想うよすがとしたいというのが自然な情ではないかと思います。そしてまた、そのような縁によって仏さまの教えに心が向けられていくのでしょう。

③多様なあり方

これまで、石塔の墓への墓参についてみてきました。先にも触れたように、そもそも、古くは石塔の墓をたてるということは、今ほど一般に考えられるようなことではありませんでした。一般民衆に墓が普及するのは、江戸時代より後のことだといわれています。また、「墓参」と一言に言っても、墓の形態や地域によりさまざまです。ここではその多様なあり方についてみておきたいと思います。

【埋め墓と詣り墓】

まず、参る墓だけでなく、参らない墓のあることにふれておきたいと思います。

「墓参」をテーマとしながら、参らない墓のあることを不思議に思われるかもしれません。しかし、そこには墓の役割ということがあります。参らない墓の役割とは何かというと埋葬です。かつて土葬が主流であった頃、墓は人里はなれた山林などに設けられ、一定の期間をおくと別に定期的にお参りするための墓が設けられたのです。すなわち、一個人に対して埋葬する墓（埋《う》め墓《ばか》）と墓参する墓（詣《まい》り墓《ばか》）との二つの墓があったのです。

民俗学の分野では、これを「両墓制」といって、研究が重ねられてきました。全国的な事例ではなく、近畿地方一帯に濃密に分布しており、東北地方や西南諸島には、ほとんどみられないようです。両墓の形態はさまざまであり、そのはじまりは古代とも中世末ともいわれますが、なぜこのような形式が生まれてきたのかは、今後の研究が待たれるところです。しかし現代に生きる私たちの常識とは異なり、参る墓と参らない墓という二つが存在してきたことは、墓とは何のためにたてるものなのかを考える時に重要な示唆を与えてくれるのではないでしょうか。

【無墓制と浄土真宗】

次に「無墓制《むぼせい》」といわれるあり方です。今度は、墓を設けないというのです。これも言葉だけ聞くと不思議な感じがするのではないでしょうか。またそれでは、お参りができないではないか、という声が聞こえてきそうです。

これまでの研究によれば、火葬でかつ浄土真宗の門徒の多い地域にみられるとされています。「無墓制」とは、火葬の後に本山納骨のために遺骨の一部をとっておくだけで他に残すことはせずに、石塔をたてることはもちろん、墓地を設けることがないというものです。このように墓をもたないため「墓参」はありません。

しかし、お参りがないわけではありません。阿弥陀仏を安置した寺院や仏壇にてお参りを行うのです。このようなあり方の背景の一つとして、先に述べた『改邪鈔』の親鸞聖人の言葉が挙げられます。阿弥陀仏への信順と念仏の教えを大切にし、遺骨に執着しないという浄土真宗のあり方があらわれたものとの見方です。しかし、必ずしもそれだけが理由と考えられているわけではなく、例えば新谷尚紀氏は「これらの事例は必ずしも浄土真宗の教義によってはじめられたというものではなく、古代以来の散骨の伝統のひとつのあらわれとみるべきである」（『死・墓・霊の信仰民俗史』一九九八年、歴史民俗博物館振興会、五六頁）と指摘し、古くからあったかつての習慣があらわれてきたもの、と位置づけています。

浄土真宗と「無墓制」の関係は、教義的背景と、皆が墓をもたなかった頃の名残という二つの側面からみることができるようですが、さまざまな慣習がある中で、「亡き方を蔑ろにすることなく墓をもたない」という選択が存在していたことを示しているといえるでしょう。浄土真宗の儀礼について考察を試みた『真宗儀礼の今昔』（浄土真宗教学研究所　儀礼論研究特設部会編、二〇〇一年、永田文昌堂）では、この無墓制について「これは読んで字のごとく〈墓〉がないということである。石塔墓を立てるという習慣は一般民衆では近世になってようやく普及し始めるが、〈無墓制〉はそうした習慣がなかった時代の名残ともいうべきものだとされる。そしてそこには、浄土真宗としてはことさらに〈骨〉に執着する必要はないと説かれたことが背景としてあったのだろうといわれている」（一七頁）と記しています。

【豊かなすがた】

墓参は、読経・念仏といった宗教行為だけでなく、さまざまな行為がなされてきたことが、民俗学の研究成果として報告されています。例えば、沖縄県や奄美大島などで行われていた習慣として「洗骨《せんこつ》」というのがあります。これは一説に両墓制の起源ともいわれ、遺骸をある期間保存し、軟部を除き、骨を洗浄し改めて埋葬するものです（『日本国語大辞典』〈第二版〉巻八、六三頁参照）。この時には、親族・縁者が集って簡単なお参りをし、墓前にテントを張り、墓から遺骨を取り出して清水にて丁寧に洗います。そして戻した後にはみなでお参りして、その後には墓前の庭にてにぎやかな飲食がはじまるのです。そこには、遺骨や墓を忌避するような姿勢はまったくなく、洗骨が終了したことをみなで祝うのです。このように、墓参とともに酒宴が催されるということはそれほど珍しいことではなく、地域によってその伝統は今も伝えられています。豊富な調査経験をもつ関沢まゆみ氏は、

お墓参りというのは、私の調査体験からして、フランスやイギリスまたポーランド

などでもさかんにしています。死者へのとむらいというのは洋の東西を問わず共通しているのかと思います。しかし、そのフランスなどでは、死者に食べ物は供えません。死んだら人間は何も食べられないといいます。だから、お墓に食べ物をお供えするというようなことはありません。しかし、日本ではさかんに死んだ両親から先祖のみたまへと食べ物を供えます。そして、生きている人間と死んだ親たちと一緒に食べたり飲んだりして交流する習慣があります（『盆行事と葬送墓制』二〇一五年、吉川弘文館、二一八頁。引用箇所は、平成二十六年に開催された暦博映像フォーラム九「日本各地の盆行事と葬送墓制の最近の変化」の中での関沢氏の発言）。

と述べられています。

あらためて考えてみますと、共食の文化は仏事・法事には必ずといってよいほどあることで、人びとの間をつなぐ大切なことではないでしょうか。沖縄や奄美地域ではその場所が墓地であるだけのことで、墓参とともにあることはそれほど不思議なことではないのかもしれません。

また多様という点でいえば、これは近年の事例ですが、新型コロナウイルス感染症の影響によって移動が制限される中、墓を直接おとずれない墓参の報道がありました。すなわち、オンラインや代行サービスによる墓参です。遠方であることや直接集まれない状況の中では、一定の支持があったと考えられます（「コロナ禍で人々の意識はどう変わったか？――意識調査から考えるお寺と仏事のこれから」〈株式会社寺院デザイン〉参照）。私たちの生活と亡き方を想い行う儀礼という部分との接点が墓参の多様なあり方となっているのかもしれません。

三、仏事と墓参

①仏事として

第一章で述べられていたように、墓と仏教の関わりは非常に古く、すでにみてきたように、仏教行事に関わる墓参は鎌倉時代にまで遡ることができます。そこで、次に仏教と墓参の関係を考えてみたいと思います。

墓参の目的を考えてみると、一般には「追善回向」という言葉で表現される故人の冥福をいのることだと思われるのかもしれません。一方で浄土真宗では、「追善供養はいたしません」という全く異なる内容の話を聞かれることがあるのではないでしょうか。『浄土真宗辞典』(浄土真宗本願寺派総合研究所、二〇一三年、本願寺出版社、五一頁)では、「回向」の四つめの項に、追善回向のこと。死者のため善事を行うこと。追善供養などともいう。なお、『歎異抄』第五条には「親鸞は父母の孝養のためとて、一返にても念仏申したること、いまだ候はず」（『註釈版聖典』八三四頁）といい、追善回向を否定している。

とあります。これは葬送という点でも同じで、蒲池勢至氏は、

真宗の葬送儀礼は、一般的な死の作法の上に往生儀礼として成立しており、禅宗の成仏儀礼とは異なって遺骸（死者）に対する基本的な観念が相違していた（中略）儀礼論の立場からすると、真宗の葬送儀礼は特殊な法要であって、遺骸を葬（ほふる）ことであった。それは、遺骸に象徴される死者を礼拝しないということであり、遺骸は葬すべきものでもあるが、また一方で日本人の遺骸に対する伝統的な心意を結果的に踏襲したともいえよう。（『講座蓮如』第三巻、「真宗の葬送儀礼」、浄土真宗

教学研究所・本願寺史料研究所、一九九七年、平凡社)

と述べられています。つまり浄土真宗の葬送儀礼では、いのち終わった後に故人が「良いところ」に生まれることができるように、何かしらの行いをもって、亡き人に向けて善根功徳をおくるという必要がない、往生浄土の儀礼であるというのです。それでは、浄土真宗では亡き人への想いは軽んじられるのかというと、そういうことでもありません。『季刊せいてん』一一五号では、浄土真宗の仏事について、

浄土真宗の仏事は、阿弥陀仏のお徳を讃えるとともに、亡き人を、阿弥陀仏と同じさとりを開かれた仏さまとして敬い、そのお徳を讃えるということでもあるのです。追善供養ではないからといって、亡き人への思いを軽んじるということではありません(特集「しなやかにつなげる仏事」五二頁)。

とあります。浄土真宗では、阿弥陀仏を中心として、仏さまとなった亡き方を讃えるのであり、決して軽んじることではないことが明言されています。このように墓参とは、仏さまの教えにふれていく仏縁というべきものなのです。

②お盆の墓参

さて、それでは今日の私たちの日常において墓参の機会といえば、いつになるでしょうか。これは、おそらくお盆ではないかと思われます。「盆休み」という言葉が象徴するように、八月の十三日から十五日の前後には、国民の多くが休暇をとって帰省したり、親戚と会ったりします。また、京都の「五山の送り火」や各地で行われる「精霊流し」のように、お盆の時期に合わせた行事は多くのメディアで取り上げられます。あらためて考えますと、年末年始を除けば、このような国民全体の習慣はお盆だけではないでしょうか。

ここでは、この日本全体の仏事ともいえるお盆についてみていきます。

【『仏説盂蘭盆経』】

結論から述べると、今日のお盆のあり方は、実はさまざまな要素が重なり合い、混じり合いながらできあがったものです。例えば、「先祖の霊が帰ってくる」というイメージは、仏教の教えではなく、日本の民間信仰に由来するものだといわれています。

それでは、仏教としてはどうなのか。その源流をたどると『仏説盂蘭盆経《ぶっせつうらぼんぎょう》』という経典に至ります。おおよその内容は、お釈迦さまのお弟子であった目連尊者《もくれんそんじゃ》の悲歎から話が展開されます。目連尊者は、亡き母が六道《ろくどう》の中の餓鬼《がき》の世界で苦しんでいるのを発見しますが、救うことができません。それでお釈迦さまに相談しました。するとお釈迦さまは、僧たちに食物などを施せば、その功徳により母が救われることを説きます。その通りにすると、目連尊者の母は餓鬼の世界から脱することができた、と経典は伝えています。

【七月か八月か】

お盆といえば、暑い夏の盛りを越えて、夏休みの終わりがみえてくる八月十五日ではないでしょうか。しかし読者のみなさんの中には、「うちのお盆のお参りは七月よ」という方もあると思います。全国的には、七月のところもあれば八月のところもあり、地域によってさまざまです。

それでは、どうして七月と八月の両方のお盆があるのでしょうか。これも実は先ほどの『仏説盂蘭盆経』に由来があると考えられています。経典には「七月十五日」という日付が示されているのです。それでは、七月が本来のお盆で八月は間違っていたのかというと、そうでもありません。この七月十五日は、仏教教団で古くから行われてきた雨《う》安居《あんご》（修行者たちが三カ月の間、一カ所に集団生活し、外出を避けて修行に専念することおよびその期間のこと）の最終日（自恣《じし》）にあたります。

もともと旧暦であるこの七月十五日という日付をそのまま新暦に当てはめているのが七月のお盆で、改暦を受けて月遅れにしているのが八月のお盆ということなのです（詳しくは、『季刊せいてん』一二三号・特集「お盆　その前に」をご参照ください）。

②お彼岸の墓参

一年の中で、お盆以外に代表的な墓参の機会をもう一つ挙げるとしたら、これはお彼岸になるのではないでしょうか。一般に、三月の春分の日と九月の秋分の日を中日（真ん中の日）として前後三日間、計七日間をお彼岸として、全国の寺院などでは法要がつとめられ、墓参する方々の姿も多くみられます。年中行事となったのは江戸時代といわれ、日本にのみみられる仏教の行事です。「彼岸」とは、かの岸の意味で仏さまのさとりの世界のことをいいます。『岩波仏教辞典』（第三版、二〇二三年、岩波書店、八七四頁）

の「彼岸会」の項には、

観無量寿経の日想観に由来し，春分と秋分に，西に沈む太陽を通して弥陀の西方浄土を観じたことに由来するともいう．それが日本の祖霊崇拝によって変容し，先祖供養の法要とか墓参りを意味するものとなり，日本独特の彼岸会となった．

とあります。『観無量寿経《かんむりょうじゅきょう》』が由来の一つに挙げられているように、仏教にはいのち終わった後に、阿弥陀仏の浄土に生まれていくという教えがあります。経典には、その浄土は「西方」にあると説かれています。いのち終わって生まれていく阿弥陀仏の浄土という世界は、太陽が沈む西の方角にあるのです。太陽が真東からのぼって真西に沈むその日、先だっていかれた方を偲び仏教との縁を深めてきたのが、お彼岸の墓参であったといえるのではないでしょうか。

四、現代へと

本章では、ここまで墓参の歴史の中からほんの一部ではありますが、人びとが墓をたてお参りしてきた姿をみてきました。墓参は、時節や場所を定めて行われる習俗であり、家族や有縁の人びとの集合的な行為であり、仏教との縁を深める機会だったといえるでしょう。それは、私たちが生活の中で培った大切な方を失った時の一つのあり方です。また、その形は決して一定ではなく、幾多の移り変わりを経ながらも、今日まで受け継がれてきました。そして、どう受け継いでいくのかが課題となっているのが現代だということができるでしょう。

次章からは、この現代的な課題についてふれていきます。

〈略年表〉墓・納骨・墓参と仏教・浄土真宗

【凡例】

一、本表は、日本における墓・納骨・墓参に関する事項を時系列に沿ってまとめたものである。

二、本表の作成に当たっては、勝田至編『日本葬制史』（吉川弘文館、二〇一二年）、佐藤弘夫『死者の花嫁―葬送と追想の列島史』（幻戯書房、二〇一五年）、佐藤弘夫『人は死んだらどこへ行けばいいのか―現代の彼岸を歩く』（興山舎、二〇二一年）、勝田至『死者たちの中世』（吉川弘文館、二〇〇三年）、『新アジア仏教史一三　日本Ⅲ　民衆仏教の定着』（佼成出版社、二〇一〇年）、総合専門誌『ＳＯＧＩ』通巻一五四・一五五合併号（表現文化社、二〇一六年）、『増補改訂本願寺史』（本願寺出版社、二〇一〇年）、『本願寺年表』（浄土真宗本願寺派、一九八一年）、および池上良正「日本における死者供養の展開・略年表（七～十六世紀）」（『駒澤大学総合教育研究部紀要』、二〇一六年）などを参考に、墓・納骨・墓参に関するものを取りあげ、併せて仏教、浄土真宗、一般事項を記した。仏教は○、浄土真宗は◎、一般事項は＊印をそれぞれ付して示した。参考にした図書・論文等は、〔　〕内に著者名・書名などを略記して示した。

時代	西暦（世紀）	墓・納骨・墓参に関する事項
旧石器	約三万年〜一万三千年前	はさみ山遺跡（大阪府）で、後期旧石器時代の土坑墓（穴を掘り土葬した墓）と推定される遺構が発見される（一九八六年の発掘調査）。〔『SOGI』〕
縄文	一万三千年〜二三〇〇年前	縄文時代前期の後半以降、集落内の所定の場所に継続的な墓地がつくられ、中期後半以降、埋葬地などが明確化してくる。墓地では、土坑墓や配石墓、石棺墓、住居跡に埋葬した廃屋墓などがつくられる。埋葬する体勢としては伸展葬、屈葬などがみられる。〔勝田一一〕
		東日本各地に大規模な環状墓群が造られる。中期の西田遺跡（岩手県）、向郷遺跡（同）、宮添遺跡（神奈川県）、後期の上尾駮遺跡（青森県）、大湯遺跡（秋田県）など。〔勝田一二〕
弥生	（前三世紀〜三世紀前半）	弥生時代には、土坑墓・甕棺墓・木棺墓・方形周溝墓・円形周溝墓・再葬墓・四隅突出型墳丘墓・台状墓・貼石墳丘墓など多様な形態がみられる。〔勝田三〇〕終末期には、古墳時代の前方後円墳に繋がる四隅突出型墳丘墓が現れる。〔勝田三八〕

古墳	（前一世紀）	福岡の金隈遺跡では弥生時代の三〇〇体以上葬られた共同墓地が発見される。〔『ＳＯＧＩ』〕
	（三世紀後半〜五世紀）	三世紀後半から四世紀初頭にかけて、近畿から瀬戸内に古墳がつくられる。五世紀初頭には巨大な前方後円墳が奈良盆地から大阪平野に移り、五世紀中期には各地に巨大な古墳が登場、五世紀後期には群集墳や地下式横穴墓、横穴墓、家型石棺、装飾古墳などが現れる。〔『ＳＯＧＩ』〕
		庶民の墓についてはほとんど知られていないが、長曽根遺跡（大阪府）では古墳時代前期〜中期の土坑が七〇〇基、池田遺跡（奈良県）では中期の土坑が一五〇〇基、万崎池遺跡（大阪府）では中期〜後期の土坑約四五〇基がみつかっている。〔勝田六八〕
飛鳥	五三八	○仏教公伝。五五二年とする説もある。
	（六世紀後半）	六世紀後半から七世紀前半にかけて、大王陵の形態が前方後円墳から方墳、八角墳に変化する。〔勝田九一〕
	六二二	聖徳太子（五七四―六二二）の葬儀に仏僧が参加。墳墓は磯長の地に

（○仏教　◎浄土真宗　＊一般事項）

時代	年	事項
		築かれたとされる。
	六四六	「大化の薄葬令」が出される。氏族の古墳築造が徐々に制限されていく〔池上〕
	六五七	○盂蘭盆の初見〔池上〕
	七〇〇	僧道昭没。火葬に付される（記録上では最初の火葬）。〔勝田一〇二〕
	七〇三	持統天皇没。翌年、天皇最初の火葬が行われる。〔勝田一〇三〕
奈良	七一〇	＊平城京遷都
	七二〇	＊『日本書紀』完成
	七二一	元明天皇没。遺詔の中で石碑をたてることを命じる。〔勝田一一二〕
	七四五	この頃、行基（六六八―七四九）やその弟子の集団が「三昧聖」と呼ばれ、火葬や死者供養に従事したともいわれる。〔『SOGI』〕
	七五七	養老律令施行。「喪葬令」の中に、墳墓・埋葬地に関する規制がみえる。〔勝田一〇二〕
平安	七九四	＊平安京遷都
	八四〇	淳和天皇没。遺言に従い、散骨される。

八五一	文徳天皇、父・仁明天皇の追善供養のため、清涼殿を移築して寺堂を創建（嘉祥寺）。以後、天皇によって建立された御願寺の多くが重要な追善供養の場となる。〔池上〕
八七一	京都において無秩序な葬送が禁止され、葛野郡・紀伊郡の二つの葬送地が指定される。〔勝田一一六〕
	平安京の郊外の山野も葬送地として使われるようになり、自然発生的に鳥部野（東山山麓）、蓮台野（平安京北郊）、化野（平安京西郊）などの大規模な葬送地が形成された。平安京内では墓をつくることは禁じられていたが、風葬（遺体遺棄など）が行われ、一部は住居の側に設けた屋敷墓に葬られた。〔勝田一一六〕
（十世紀）	追善供養に念仏が採用されるようになる。〔池上〕
	空也（九〇三―九七二）、加茂河原の葬送地に西光寺（後の六波羅蜜寺）を建立（墓寺のはじまり）。空也は散乱した遺骸を一所に集め、阿弥陀仏名を唱えて火葬した。〔池上〕
九八五	良源（九一二―九八五）没。墓に石塔をたてた初見とされる。〔勝田

（○仏教　◎浄土真宗　＊一般事項）

	一三一〕
九八六	比叡山横川で二五人の僧による結社・二十五三昧会が始まる。〔『SOGI』〕彼らは、墓地として相応しい土地に卒塔婆をたてて安養廟と名付け、結社に属する僧侶の共同墓とした。
（十世紀）	墳墓上に卒塔婆をたてる風習が始まる。〔池上〕
一〇五二	○末法に入る。末法思想の浸透により社会不安が増す一方、浄土信仰が広まり、各地で阿弥陀堂が建立される。〔『SOGI』・佐藤〕
（十一世紀）	仏教の霊場に火葬骨を納める習慣がおこる。〔勝田一四六〕
一一二四	藤原清衡（一〇五六―一一二八）が中尊寺金色堂を建立。須弥壇下には奥州藤原氏四代の遺体等が納められる。〔『SOGI』〕
（十二世紀）	庶民は勝手に墓をつくることは認められず、地域で定められた共同墓地に埋葬された。貴族・武士は一門の墓地をもっていた、といわれる。〔『SOGI』〕
一一五三	高野山への納骨の初見。御室覚法法親王の遺髪が納められる。

	一一五八	花山院忠雅・中山忠親兄弟が母の遺骨を高野に納めた。〔勝田一四七〕
	一一六九	中尊寺釈尊院の五輪塔が造立される（現存する年紀銘のある石造五輪塔で最古）。〔勝田一七〇〕
	（十二世紀）	中世的な共同墓地の形成が始まる。〔勝田一三五〕十二世紀中頃の蓮台野（京都府）、十二世紀後半からの一ノ谷遺跡（静岡県）、鎌倉時代の由比ヶ浜南遺跡（神奈川県）など。
鎌倉	一一九二	＊源頼朝、征夷大将軍となる。
	一二一二	○法然（一一三三―一二一二）示寂。現在の知恩院（京都市東山区）の地に埋葬される。後に、光明寺（京都府長岡京市）にて荼毘。
	一二二七	埼玉県熊谷市に嘉禄三年銘の板碑（現存する最古の武蔵型板碑）。〔勝田一七四〕
	一二三二	高山寺に明恵髪爪塔がたてられる（現存する最古の石造宝篋印塔）。〔勝田一七二〕
	一二六三	◎親鸞（一一七三―一二六三）示寂。翌日、東山鳥部野にて荼毘。

（○仏教　◎浄土真宗　＊一般事項）

時代	年	事項
		『親鸞伝絵』によれば親鸞の墓は「鳥辺野ノ北ノ辺大谷」にあった。〔『本願寺史』〕
	一二六四	◎親鸞の妻・恵信尼（一一八二—）、高さ七尺の五重の石塔建立を計画。〔『本願寺史』〕
	一二七二	◎親鸞の遺骨を吉水の北に改葬し廟堂を建立、影像が安置される。〔『本願寺史』〕
	（十三世紀）	十三世紀末頃から、宝篋印塔の造塔が盛んになる。〔勝田一七二〕
		関東では、板碑の建立が盛んになる。〔勝田一七三〕
	一三三三	＊鎌倉幕府滅亡する。
室町	一三三六	＊室町幕府が開かれる。（南北朝の動乱始まる）
	一三五〇	◎覚如、西山久遠寺の善照尼墓前で和歌を詠む。〔『本願寺年表』〕
	一三五一	◎覚如（一二七〇—一三五一）寂。延仁寺に葬す。〔『本願寺年表』〕
		墓所は、河島（現・本願寺西山別院）に築かれる。
	一三九二	＊南北朝合一する。
	一四六七	＊応仁の乱起こる。（戦国時代始まる）

時代	年	事項
	一四八八	この頃、民間僧を中心とした僧が各地の民衆の中に入り、死者儀礼を中心に定着。坊、共同墓地が盛んにつくられるようになった。〔『SOGI』〕
	（十六世紀）	一つの墓に一名の戒名を刻む個人墓（一人墓）がつくられ、十八世紀半ばまで主流を占める。〔勝田二二九〕
江戸	一六〇二	◎本願寺が東西に分派。
	一六〇三	＊江戸幕府が開かれる。
	一六〇八	◎徳川幕府の命により、親鸞の廟所を現在の地（京都市五条坂あたり）に移転。〔『本願寺史』〕
	一六一八	この頃、長柄（葭原）・梅田・南原・蒲生（野江）・小橋・千日・飛田の「大坂七墓」が整理。いずれも火葬場を中心とした墓地。〔『SOGI』〕
	一六三五	＊○寺社奉行の設置。
	一六六一	◎大谷本廟、京都九条の西光寺の願いにより、祖廟の外に墳墓の造営を許可（大谷墓地の始まり）。〔『本願寺史』〕

（○仏教　◎浄土真宗　＊一般事項）

	一六六四	＊○幕府、各藩に寺請制度（宗門改め）を命じる。
	一六七一	＊○宗門人別改帳が法制化。寺檀制度確立。〔『SOGI』〕
	（十七世紀）	墓標をたてる習慣が一般化。〔『SOGI』〕 寺院境内墓地の普及。墓碑に死者の名が記される。〔佐藤〕 明暦の大火（一六五七）以降、江戸五三昧と称される小塚原・千駄木・桐ケ谷・渋谷・炮録新田の火葬場が整備される。〔『SOGI』〕 角状の墓石が一般化。〔『SOGI』〕
	一七八九	金沢にすでに七カ所の火葬場が存在。〔『SOGI』〕
	（十八世紀）	男女二名の戒名を刻んだ墓石や、それ以外で複数の戒名を刻む墓石が増え始める。〔勝田二二九〕
	（十八世紀後半）	「先祖代々」「先祖累代」などの文言を刻む墓石が現れ始める。〔勝田二三〇〕
	一八六七	＊大政奉還（江戸幕府滅亡）
明治	一八六八	＊戊辰戦争（～一八六九） ＊神仏判然令発布。

一八六九	東京府下（青山・渋谷）に神葬祭用の墓地が設けられる。〔勝田二七五〕
一八七一	＊○宗門人別帳及び寺請制の廃止。〔佐藤〕
一八七二	青山、雑司ヶ谷、上駒込、深川に神葬祭墓地が開設される。〔勝田二七五〕 その後、谷中、小塚原、亀戸にも設けられる。〔勝田二七六〕
一八七三	火葬禁止令（太政官布告第二五三号）。〔勝田二四九〕
	東京において、旧朱引内（市街地）での埋葬を禁止。〔勝田二五一〕
一八七五	「火葬禁止」の布告が廃される（太政官布告第八九号）。〔勝田二五二〕
一八八〇	東京府下の新設墓地は、すべて共葬墓地となる。〔勝田二七六〕
一八八四	「墓地及埋葬取締規則」を制定。公衆衛生の観点からの取締を主な目的とし、明治初年以降の墓地規制の集大成と位置づけられる。〔勝田二七七〕
一八九四	＊日清戦争（〜一八九五）
一八九八	民法施行。

（○仏教　◎浄土真宗　＊一般事項）

		その後、家制度によって、「○○家之墓」と刻む墓石が登場。〔勝田二三〇〕いわゆる「家墓」が次第に普及した。〔『SOGI』〕
	一九〇四	＊日露戦争（～一九〇五）
大正	一九一四	＊第一次世界大戦（～一九一八）
	一九二三	＊関東大震災
		多磨墓地の開設（日本最初の公園墓地）。〔勝田二八〇〕その後、公園墓地が首都圏・大阪都市圏に広がる。
昭和	一九二七	火葬炉の近代化が進み重油を用いるようになる。これにより昼間火葬、即日拾骨ができるようになった。〔『SOGI』〕
	一九三一	＊満州事変（～一九三三）
	一九三三	八柱霊園（千葉県）・日野墓地（神奈川県）の開設。
	一九三七	＊日中戦争（～一九四五）
	一九三九	＊第二次世界大戦（～一九四五）
	一九四〇	瓜破霊園（大阪府）の開設。

元号	西暦	事項
	一九四一	服部霊園（大阪府）・千葉墓地（千葉県）の開設。
	一九四五	＊終戦
	一九四七	民法改正。家督相続制度が廃止される。〔勝田二九六〕
	一九四八	「墓地、埋葬等に関する法律」制定。
	一九五一	○「宗教法人法」公布。
	一九五九	国立千鳥ヶ淵戦没者墓園竣工。
	一九六〇	火葬率が六〇％を超え、以後急速に上昇。〔『ＳＯＧＩ』〕（二〇二一年現在九九・九％。厚生労働省「令和三年度衛生行政報告例」より算出）この頃から家墓が極端に増加（核家族の増加、火葬の増加などによる）。〔勝田二三〇〕
	一九六六	＊日本の人口が一億人を突破。
	一九六八	◎大谷本廟、第一無量寿堂造営。
	一九八一	◎東京・千鳥ヶ淵にて第一回全戦没者追悼法要。
平成	一九八九	この頃から合葬墓が各地でつくられていく。〔勝田二九九〕もやいの会「もやいの碑」（東京都）、妙光寺「安穏廟」（新潟県）、常寂光寺

（○仏教　◎浄土真宗　＊一般事項）

時代	西暦	事項
		「志縁廟」（京都府）など。
	一九九〇	◎大谷本廟、第二無量寿堂造営。
	一九九一	葬送の自由を進める会が「自然葬」と称して散骨を実施。〔勝田二九九〕
	一九九五	＊阪神淡路大震災
	一九九九	祥雲寺（岩手県）が墓地経営許可を取りながら里山の保全をめざす「樹木葬」を設置。〔勝田三〇〇〕
	二〇〇五	ＮＰＯ法人エンディングセンターが都市型樹木葬墓地「桜葬」を東京・町田で始める。〔『ＳＯＧＩ』〕
	二〇〇八	隠岐の無人島「カズラ島」を散骨場に。〔『ＳＯＧＩ』〕
		＊日本の人口が、この年をピークに以降減少に転じる。
	二〇一一	＊東日本大震災
	二〇一二	「墓地、埋葬に関する法律」改正。
	二〇一七	◎築地本願寺、合同墓設置。
令和	二〇二〇	＊新型コロナウイルス感染症が世界的に大流行。

第二部　現代のお墓・納骨

第一章　お墓の現状（岡崎秀麿）

はじめに

葬送儀礼やお墓の歴史を遡れば、その方法や形が時代によっても、地域によっても、そして宗教によってもさまざまであり、その相違がそのまま日本文化の豊穣さを垣間見せるといっても過言ではありません。こうした歴史の上に現在では、

「人が亡くなれば火葬され、お骨はお墓に納められ、家族・親族がお墓参りする」

といった「当たり前」が形成されているといえます。しかし、現代においては、この「当たり前」を成り立たせている土台、いわば社会、人びとの生活、そして意識が変わったことによって、これまでの「当たり前」がこれからも続くとはいえなくなっています。ここではそうした変化の実態とお墓や納骨への影響を確認したいと思います。

一、お墓を取り巻く社会の変化

社会の変化で最も大きなことは、人口減少・少子高齢化・超高齢社会と呼ばれる現象です。

日本では、二〇〇八年をピークに総人口が減少に転じ、国立社会保障・人口問題研究所の将来推計によれば、二〇五六年には日本の総人口は一億人を下回ると予想されています。重要なことは、人口構成の変化です。一九九七年には六十五歳以上の高齢人口が十四歳未満の若年人口の割合を上回るようになっており、二〇二五年には、団塊の世代約八〇〇万人が七十五歳以上の後期高齢者となります。厚生労働省は、二〇二五年には六十五歳以上の人口が約三五〇〇万人に達し、全人口の二〇％を六十五歳以上の高齢者が占める超高齢社会が到来すると予測しています。

超高齢社会とともに注目されるのが、五十歳時未婚率の上昇です。内閣府『令和四年版　少子化社会対策白書』には、

五十歳時の未婚割合をみると、一九七〇年は、男性一・七％、女性三・三％であった。その後、男性は一貫して上昇する一方、女性は一九九〇年まで横ばいであったが、以降上昇を続け、二〇一五年国勢調査では男性二四・八％、女性一四・九％、二〇二〇年は男性二八・三％、女性一七・八％と、それぞれ上昇している。

と述べられています。未婚率を、先ほどの「二〇二五年には、団塊の世代約八〇〇万人

が七十五歳以上の後期高齢者」という予測に重ねると次のことがわかります。二〇二五年に七十五歳以上の後期高齢者となる方が結婚しているかどうかは、二十五年前の二〇〇〇年の五十歳時未婚率から推測できます。『令和四年版　少子化社会対策白書』では、二〇〇〇年時点で未婚だった方は、男性一二・六%、女性七・三%ですから、現時点（二〇二三年）で七十三歳以上の男性の約一〇%、女性の約七%は未婚である可能性が高いと考えられます。

少子高齢化・超高齢社会における「家族」の姿を、「世帯」の変化から確認します。『男女共同参画白書　令和四年版』には、

昭和五十五（一九八〇）年時点では、全世帯の六割以上を「夫婦と子供（四二・一%）」と「三世代等（一九・九%）」の家族が占めていた。令和二（二〇二〇）年時点では、「夫婦と子供」世帯の割合は二五・〇%に、「三世代等」世帯の割合も七・

七％に低下している一方で、「単独」世帯の割合が三八・〇％と、昭和五十五（一九八〇）年時点の一九・八％と比較して二倍近く増加している。また、子供のいる世帯が徐々に減少する中、「ひとり親と子供」世帯は増加し、令和二（二〇二〇）年に「三世代等」世帯の数を上回っている

とあり、別表には夫婦のみ世帯が二〇％と記されています。この結果から二点、注意すべき点を挙げます。第一に「単独世帯」の増加には、先に指摘した一人暮らし高齢者が含まれていることです。第二に「夫婦のみ世帯」は、年代別の割合がわかりませんが、子どもがいない世帯ですから、いずれ「単独世帯」へと変わる可能性が高いことです。

人口減少社会の変化を「超高齢社会」「未婚率の上昇」「単独世帯の増加」に注目しましたが、ここからは「多くの人がいることを前提にして」、あるいは「家族を中心にして」構築されたさまざまな事柄の維持が困難になることが予想できます。

二、社会の変化がお墓に与える問題

社会の変化が、お墓に関してどのような問題を生み出しているのか。ここでは、現在七十歳を超えた団塊の世代を中心にして、団塊世代に子どもがいるかどうか。すなわち、「お墓を継承しうる世代が存在しているか／存在していないか」で大きく二つにわけ考えていきたいと思います。

①両親世代＋団塊世代＋子ども世代

団塊世代の親は九十歳を超えていますので、団塊世代は両親の葬送儀礼・納骨を行う必要が生じます。また団塊世代自身も既に高齢であり、亡くなれば子ども世代が同様に両親（団塊世代）の葬送儀礼・納骨を行うと考えられます。

この場合、お墓の維持管理について困難が生じると想定される第一は、両親世代と団塊世代が遠方に別居している場合です。例えば団塊世代が地方から東京圏に移住したままであれば、地方に残されたお墓の維持管理が困難になります。また、団塊世代が亡くなった場合に、その遺骨を子ども世代が地方に残されたお墓に納骨するということは、お墓参りのしやすさなどから選ばれにくいと考えられるため、地方のお墓とともに自身の遺骨を納める場所も必要になってきます。つまり、この場合にはお墓の処分、移動、新築といった問題が生じることになります。

第二は、団塊世代の夫婦のどちらかが一人っ子であった場合です。団塊世代では男性の家に女性が入る（嫁ぐ）ことが一般的だったと考えられますので、そうした場合の女性（妻）が一人っ子であった場合には、両親世代のお墓を二つ維持管理しなければならなくなります。しかも、団塊世代の夫婦であっても、両家の宗教が異なる場合がありますので、お墓の維持管理には種々の困難が想定されます。

第三には、両親世代・団塊世代が直面したお墓に関する問題は、子ども世代にも同様に生じる可能性があるということです。例えば第一で指摘したような場合で団塊世代が新しいお墓をたてたとしても、子ども世代が団塊世代とは異なる地に移住してしまえば、団塊世代とまったく同様の問題が生じますし、第二の場合も同様に生じる可能性があります。

②両親世代＋団塊世代

このケースは団塊世代に子ども世代がいない場合ですから、最大の問題は、団塊世代が亡くなればお墓を維持管理することが不可能に近くなるということです。この前提の上で、例えば①で考えたような別居の場合や、女性（妻）が一人っ子であった場合が想定されます。さらに、両親世代と団塊世代が別居しており、しかも遠方である場合には、両親世代が維持管理してきたお墓と同時に、団塊世代自身が亡くなった場合の自身の遺骨をどうするかという問題があります。

前述の①②は、大まかな想定ですが、現代においてお墓が抱える問題のいくつかは指摘することができます。そこで以下では、それらの問題を挙げていきたいと思います。

【一】お墓の継承者が存在しなくなる

少子高齢化という言葉が端的にあらわすように、「子ども」「若年層」が減少するということは、お墓の継承を含むこれまで日本で作り上げられてきた事柄（体制・システム・文化・技術など）の維持を困難にするという課題を生じさせます。しかも特徴的なことは、この課題が「お墓の無縁化」と「墓地不足」という正反対の側面を持っていることです。

「お墓の無縁化」とは、お墓の継承者がいなくなり、誰にも維持管理されなくなることです。ここで強調する必要があるのは、これから団塊世代が亡くなっていく時期に入ること、五十歳時未婚率が上昇していることから、「お墓の無縁化」は現在以上に進むと予想されることです。実はこのことが「墓地不足」にも関わると指摘されています。

超高齢社会に突入する日本は、二〇一〇年に約一二〇万人であった年間死亡者数が二〇二五年まで五年間ごとに約十万人ずつ増加を続け、団塊世代が八十歳代後半となる二〇三〇～二〇四〇年代には約一六〇万人を超える見通しとなり、それ以降も年間約一五〇万人以上で高止まりすると予想されています。つまり、高齢化した方々が亡くなり死亡者が増加することで人口減少が加速する「多死社会」でもあるのです。ここで考える必要があるのは、では団塊世代とはどのような世代か、ということです。日本創成会議 首都圏問題検討分科会『東京圏高齢化危機回避戦略 一都三県連携し、高齢化問題に対応せよ』（二〇一五年六月四日）に、

二〇二〇年以降は東京圏も高齢化率が二六％を超え、急激な高齢化局面に突入する。東京圏への若者流入が依然続くとしても、団塊の世代をはじめ東京圏在住者が

大量に高齢期を迎えるからである。

と指摘されているように、戦後の高度経済成長期において団塊の世代を中心に非都市圏から都市圏への人口移動がおこったことが東京圏の高齢化を引き起こしています。しかも、

戦後、人々は公園墓地にしろ寺院墓地にしろ、都市に生活する第一世代は、墓地を設置し、なんとかそれを継承するように対応し、あらたな継承方法を模索することはあまりなかった。（勝田至編『日本葬制史』吉川弘文館、二〇一二年、二九八頁）

と、お墓への対応を行っていない人びとが多いとも述べられています。つまり、東京圏を含む都市圏では、出身地にあるお墓には納骨する予定がなく、新たなお墓が必要とな

る方々が多くいることから「墓地不足」が指摘されているのです。毎日新聞社説「大都市の墓地不足　将来見据えどう対応する」(二〇一九年七月二十八日付)では、

都は都立霊園の整備を進めているが、都内では用地確保が困難で、供給は追いつかない。都民の応募倍率は高く、一八年度の場合、墓石のある一般的な墓地などの募集一二二〇件に対して約五・五倍の数の応募があった。使用料が数百万円以上かかる所があるにもかかわらずである。

さいたま市でも年間二〇〇〇基分から二五〇〇基分の墓地が新たに必要と見込まれており、比較的安価な市営墓地の増設を望む市民は多い。しかし、財政事情などから、墓地を提供し続けることは難しい。横浜市でも同じ状況だ。

と述べられています。しかも、そうした方々の中には自身のお墓をたてたとしても継承

者はいないという方々も含まれている場合が多いということになります。

【三】お墓を継承する「家族」の変化

お墓に関する当たり前、「人が亡くなれば火葬され、お骨はお墓に納められ、家族・親族がお墓参りする」は、お墓を家族が継承すること、より限定すれば、家族の長子（殆どの場合は長男）が継承することを前提としています。現代ではこの前提が維持できなくなっているといえますが、その背景として「移動しにくいお墓と移動する人びと」、「永続性を前提とするお墓と家族の変容」が挙げられます。

お墓は、移動（改葬・墓じまい）することは不可能ではありませんが、本来的に移動することを前提とした建立物ではないといえます。それに対して、現代に生きる人びとはむしろ、進学・結婚・就職・転勤・転職などによって移動することが当たり前になっています。また、長く葬儀・お墓に関して研究を続けられている小谷みどり氏（シニア生活文化研究所所長）は、人びとの移動は若い世代や中高年の世代に限らず、六十代以上でも所在地が変わる人が一～三割程度はいると指摘しています。つまり、「移動する人びと」が多い現代において「移動しにくいお墓」は人びとの生活に適応しづらいのです。この状況がもたらす問題の一つが「お墓の無縁化」です。先の【一】では、「「お墓の無縁化」とは、お墓の継承者がいなくなり、誰にも維持管理されなくなることです」と述べましたが、実は継承者がいるにもかかわらず、「お墓が放置され無縁化してしまうケース」もあるといわれています。

お墓の継承は家族を中心に行われてきましたので、例えばお墓を継承するとされた長子（長男）が未婚のまま亡くなってしまえば、長子以外の家族が継承するといった対応がなされてきたために、お墓は先祖代々・子々孫々といった形で永続的に維持管理されてきたといえます。しかしながら、現代はお墓の永続性を担保してきた家族が、単なる人数の減少という意味での家族の縮小化とは異なる形で変容しています。それは小谷氏

が、厚生労働省「国民生活基礎調査」をもとに、

昨今では、「祖父母は家族ではなく、親せき」と考える若者が少なくない。孫がいても、年に数回しか会わない祖父母の三十三回忌を孫が主宰したり、墓参りを続けたりするとは限らないことは容易に想像できよう。（「葬送からみる社会や家族の変容」『日本家政学会誌』七〇―六、二〇一九年）

と述べているような「家族の変容」です。

この「家族の変容」が引き起こしている深刻な問題が「引き取り手のない遺骨」です。「引き取り手のない遺骨」という言葉からは、身元がわからないから引き取り手がいないという「身元不明の遺骨」が想像されますが、一九九〇年代頃から身元が判明しているにもかかわらず引き取り手が現れないという「引き取り手のない遺骨」が増加し

ており、NHK『クローズアップ現代＋』でも「さまよう遺骨」として採り上げられています。こうした「引き取り手がない遺骨」に対して先進的に取り組んでいる神奈川県横須賀市は、

親族の減少や高齢化、加えて子ども世帯の移住などによって、普段の生活だけでなく、「何かあったとき」に対応するための「家族・親族の力」が急激に弱体化（「「考えさせられる葬儀」（七）伝える人がいない不安を、いかに安心に変えるか」『宗報』二〇二〇年三月号）

していると指摘しています。

【三】死後への不安と自分らしさの希求

墓を取り巻く社会・人びとの変化がお墓に与える影響とは、端的に「お墓の維持管理が困難」ということができます。そのことに対する不安が、二〇二一年に実施された日本消費者協会によるアンケート（『第十二回　葬儀に関するアンケート調査報告書』）において、お墓についての心配事として「子どもの負担」（四二・二％）、「将来の管理」（三六・六％）、「墓の継承者」（二二・二％）が上位に挙げられていることにあらわれています。これらのお墓の維持管理に対する不安は、これまで確認したような子どもがいない、家族の変容などを背景にしていると考えられますが、「負担」「管理」という言葉には「経済的側面」が深く関わっていると考える必要があります。このことについては、葬送儀礼に関する研究において、

葬送領域のパラダイム変化は、地域の崩壊と葬送領域の商品化・市場化のなかで展

開するものであり、その意味では〈近代化〉現象の一つの側面であるととらえることができる。また、二十世紀の最後の四半期に新自由主義の下で展開する第二の〈近代化〉現象は「自己決定」の名の下であらゆる領域において個々人が〈自由〉な選択を求めるようになり、その結果として格差が拡大するようになった。（森謙二「葬送の個人化のゆくえ―日本型家族の解体と葬送―」『家族社会学研究』第二十二巻一号、二〇一〇年）

葬儀をめぐる既成概念の粉砕を試み、マイノリティの当事者による印象的な「体験談」とともに全国展開していった自然葬は、まさに「運動」としての「新しい葬儀」であった。これに対し、直葬の急増に代表される昨今の「新しい葬儀」の動向については、形態上の新奇さとともに、その価格に関する問題に語りの力点が置かれやすい。葬儀が、一種の消費財として語られる傾向が強まっているというわけ

だ。（碧海寿広「「新しい葬儀」という言説―自然葬から直葬まで―」『宗教研究』八十四巻四輯、二〇一一年）

などと、葬儀（お葬式）が「儀礼」ではなく「サービス」として理解されるようになっていると指摘されています。このことはお墓にも当てはまると考えられます。伝統的なお墓の維持管理を離れた人びとが「経済的な側面から」「サービスとして」お墓を捉えていくのであれば、（経済的に）可能な範囲での「自分らしいお墓」への意識が高まることは避けられません。「自分らしい」が求められるということは、一人ひとりの要求に即したお墓が求められるということですから、お墓、あるいは納骨の多様化が現代において進むことも当然のこととして理解できるといえます。

お墓、あるいは納骨の多様化とともに、【一】【二】で指摘したような状況も踏まえ、お墓の変化を、墓地研究者である槇村久子氏（京都女子大学元教授）は次のように述べています。

これまでの墓は、「尊厳性」、「永続性」、「固定性」を持っていた。ところが、家族の形態が一代に限りなく近づいているいま、この墓地の時間制が大きく変わったために、墓のもつ性格が変わってきたのである。この墓のもつ三つの性格は、尊厳性は「個人化」へ、永続性は「無縁化」へ、固定性は「流動化」へと変化する。（槇村久子「家族構造と都市構造の変化における死生観と墓地の研究～都市型共同墓所と新たなコミュニティの形成へ　二つの事例研究～」京都女子大学宗教・文化研究所『研究紀要』十七号、二〇〇四年）

【四】「これまでのお墓」と「これからのお墓」

先に「これまでのお墓」には、「尊厳性」「永続性」「固定性」を持っていたと述べていることを確認しました。このことは、本書における「お墓・納骨」に関する論述からも読み取れると思います。槇村氏の指摘が重要なのは、「これまでのお墓」が持っていた性格は現代において、変わってきていると述べていることです。つまり、槇村氏が先の論考（「家族構造と都市構造の変化における死生観と墓地の研究～都市型共同墓所と新たなコミュニティの形成へ　二つの事例研究～」）において、

墓の本質的性格は、人間の死に臨んで、生物としての遺骸が処理・対応されるための物質的な時間経過と、忘却あるいは記憶にとどめ、癒やされるために精神的に処理・対応される精神的な時間経過を必要とするところにある。その時間経過を支える装置として墓はあった。

と述べられているような伝統的な「お墓」の機能が現代では失われてきているというこ

と、すなわち「これからのお墓」は、「これまでのお墓」とは異なる性格として人びとに理解され、建立・維持がなされていくのではないかということです。

では、そうした「これからのお墓」は何のためなのに存在するのか。例えば、子どもを持たない団塊世代が、自身の死後のために「自分らしいお墓」をたてることは可能です。また、「自分らしいお墓」をたてないまでも、自身の遺骨を行政や宗教団体が運営する墓地に納骨することは可能です。しかし、こうした場合、その「お墓」には特定の参る人、故人を偲ぶ人はいないか。あるいは、いたとしてもかなり少数であると考えられ、「これまでのお墓」のように「永続性」や「固定制」を前提としたものとはいい難いように考えられます。また、そのような「お墓」は、誰が、いつまで、どのように、維持管理していけばいいのでしょうか。こうした「お墓・納骨」を含む葬送儀礼全般に関する大きな変化を、これまで亡くなってきた人と、これから亡くなる人とは違うという強い表現を使われ指摘されているのが小谷みどり氏です。小谷氏は、誰かが亡くなれば、その死を悼み、悲しんでくれる人がいる。そうした人びとが葬送儀礼を行い、お墓へと納骨されていくという「当たり前」が崩れ去ろうとしているという根本的問題に向き合う必要があるといわれています。

以後では、前述のようなお墓が抱える問題に対して、どのような対応がなされているかを具体的な事例を挙げていきますが、最後に一点だけ付け加えます。それは、

昨今、ライフスタイルの多様化、少子化、非婚化、高齢化の進展によって、墓の継承者の確保が困難となってきた。墓や祭祀の継承が困難であることが社会問題化したのは一九八〇年代で、昭和六十（一九八五）年以降、「無縁墓」の増加を取り上

げた全国紙の記事が目立つようになる。こうした無縁墓増加の問題に呼応するように、一九九〇年代に入ると、祭祀継承者がいない人たちや家の枠組みでの継承のあり方に疑問を持つ人たちを中心に、合葬式の共同墓が普及してきた。（一般社団法人全日本冠婚葬祭互助協会『冠婚葬祭の歴史』水曜社、二〇一四年、一一九頁）

と述べられているように、お墓を取り巻く問題はすでに四十年以上前から指摘され、対応が模索されていたということです。そのため、それぞれの対応には現在からみれば課題が指摘されることや、より多様化している場合もありますので、そうした点も検討に加えていきたいと思います。

第二章　お墓を取り巻く現状への対応（溪英俊）

一、お墓をどうするか

「改葬」と「墓じまい」

お墓を取り巻く社会的な状況は、ずいぶんと変化しています。もちろん地域差がありますし、さらには各家庭で考え方も異なりますから、全国一律というわけではありません。これまで通り、先祖代々のお墓を維持していくことが可能な場合もあるでしょう。

けれども、すでに今あるお墓をどうするかという問題に直面している方が増えています。また、今すぐではなくても、将来的にお墓をどうにかしなければいけない問題に直面する状況がやってくるかもしれません。そのような状況になったとき、「改葬」や「墓じまい」などを考えなければならなくなります。

小谷みどり氏は、「改葬」や「墓じまい」という言葉は、発信者や使用者によって意味や用例が異なっており、概念規定がしっかりとされずに用いられている例が散見されるため、注意が必要だといわれます。小谷氏の定義によると、

「改葬」…「既に埋蔵・収蔵されている遺骨等を、他の墓地・納骨堂に移すこと（無縁改葬を含む）」。いわば、「お墓の引っ越し」のことであるため、「お墓」の移転元での墓石処理と、移転先での墓石建立（あるいは納骨堂）費用が必要となる。

「墓じまい」…「既に埋蔵・収蔵されている遺骨等を処分し、墓所を撤去すること」。「改葬」と異なり、費用は墓石の撤去費だけだが、遺骨については散骨や自宅安置などの対応が必要となる。

（『宗報』二〇二一年二月号）

とされています。

これらの定義によれば、墓所（墓石）の問題と遺骨の問題があることがわかります。

図式化してみると、次の図のようになります。

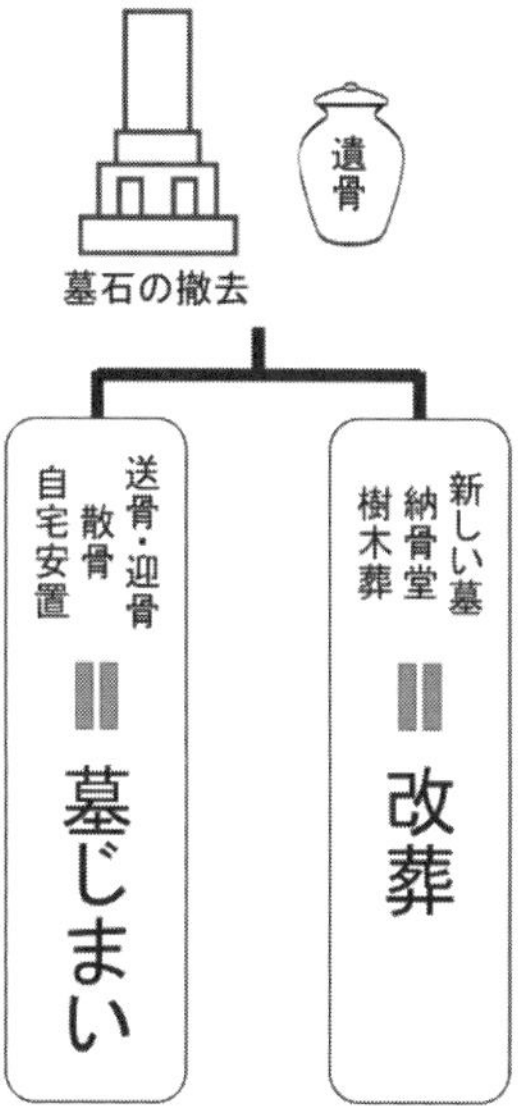

墓所（墓石）の撤去は共通しますので、その後の遺骨の取り扱いによって、「改葬」と「墓じまい」の違いがあると考えられます。

現実的な問題として考えると、二つの段階を考えることになります。一つ目は今後、お墓の維持管理が困難になると思われる状態になったとき、もしくはそれを見越して墓所（墓石）を撤去するかどうかを検討する段階です。そして次に、墓所（墓石）の撤去にともない、納められていた遺骨をどうするかを検討する段階になります。この段階では、お墓参りすることを前提として、新しくお墓に相当する施設（納骨堂や樹木葬）などに納骨する（＝改葬）か、もしくはお墓参りを考えず、お墓に相当する施設を求めない（＝墓じまい）かという選択肢があります。

改葬の場合には、お墓、納骨堂、樹木葬といった選択肢があり、墓じまいの場合には、遺骨を業者に引き取ってもらい送骨《そうこつ》や迎骨《げいこつ》、散骨をするか、もしくは自宅で安置し手元供養をおこなうといった選択肢があります。

墓所（墓石）の撤去からの流れをフローチャートにしてみると、次のようになります。

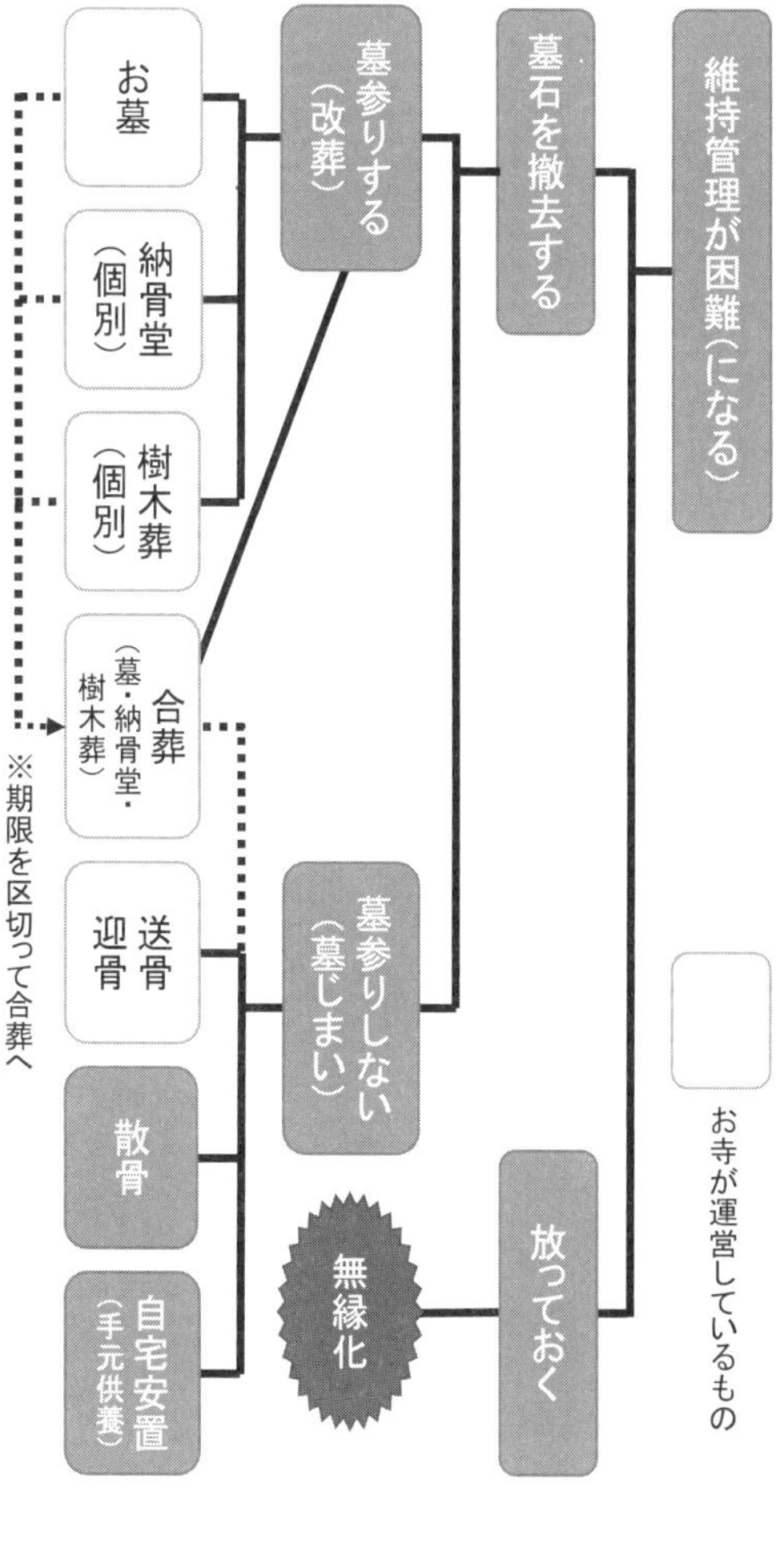

また、現在は代々受け継いだお墓がない場合でも、家族や自分自身がいのちを終えた時には、遺骨をどうするか考えなければならなくなります。

墓所（墓石）の撤去について

墓所（墓石）の撤去をする場合、一般的には墓石業者に依頼をすることになります。そのため問題になるのが経済的負担です。墓所（墓石）の撤去費用はどれくらいかかるのでしょうか。インターネットで検索してみると、墓じまいの総額として紹介されている金額は、おおよそ三十万円から三百万円程度とかなり幅があります。ただし、この場合は、墓石の撤去費用（二十五〜五十万円程度）、行政の手続き（数百〜数千円程度）、新しい納骨先に関する費用（五〜二百五十万円程度）の総計となっています。

墓所（墓石）の撤去費用については、おおよそ「一㎡あたり十万円」が目安になるようです。さらに、重機を入れることができるかどうか、公道からの距離などの条件によってずいぶん異なるようです。

また、墓所（墓石）の撤去に関連して問題となっているのが「離檀料」です。特にお寺の管理する墓地にお墓がある場合に、管理者であるお寺から高額の離檀料を請求されるといったトラブルが報道されています。例えば『日本経済新聞』（二〇一八年四月三日）では、「高い『離檀料』檀家が困惑　墓じまい・改葬時一〇〇〇万円要求も　法的義務なし、トラブル増」という記事が掲載されました。さらに独立行政法人国民生活センターの「消費生活相談データベース（PIO-NET より）」（https://datafile.kokusen.go.jp/）で相談事例を検索すると、高額の離檀料を請求されたといった金銭的なトラブルが確認できます。

お寺にあるお墓と、そのお寺の檀家になるということは密接に関係していますので、墓所（墓石）の処分は、そのお寺の檀家を離れるということにつながります。小谷みどり氏は、「本来は、お布施をお寺側から請求されることはあり得ませんし、消費者に支払い義務もありません。お布施を払わなかったからといって、改葬できないわけでもありません。しかし、改葬や墓じまいを検討していることをあらかじめ菩提寺に相談することは、墓の維持管理や先祖祭祀でお世話になった菩提寺に対してのマナーではないかと思われます。これまで行ってきた法要のお布施の金額を目安にお礼を渡し、お寺に感謝の気持ちを伝えるといった配慮も必要です」（独立行政法人国民生活センター『国民生活』八、No.九六、二〇二〇年、三頁）と述べています。

トラブルになってしまった場合には、弁護士や行政書士など専門の第三者に依頼することが、解決に役立つと思われます。

二、「改葬」の場合

墓所（墓石）を撤去した後、それに代わる場所に遺骨を納めることを「改葬」といいます。改葬の場合は、お墓参りをすることが前提となっていると考えられます。

全国的にみて、改葬は増加傾向にあります。二〇一一（平成二十三）年度に改葬は76,662件でしたが、十年後の二〇二一（令和三）年度には118,975件と約一・五倍になっています。「改葬」が急増してきた背景については、

この背景として、二〇〇五年以降全国で「墓地倒産」が増加したこと、二〇〇〇年代に入って墓地数が四千ヶ所減少した一方で、納骨堂は一千ヶ所増加していることが挙げられます。また、本来「お墓」に納骨するまでの一時的な安置といった意味合いが強かった納骨堂が、近年は永代使用として用いられていることも増加していきます。つまり、「お墓から納骨堂へ」という移行が急速に進んでいること、そして、「墓石」を持つ「お墓」の需要が急激に落ち込んでいることが「改葬」件数増加の背景にあるのです。（『宗報』二〇二二年二月号）

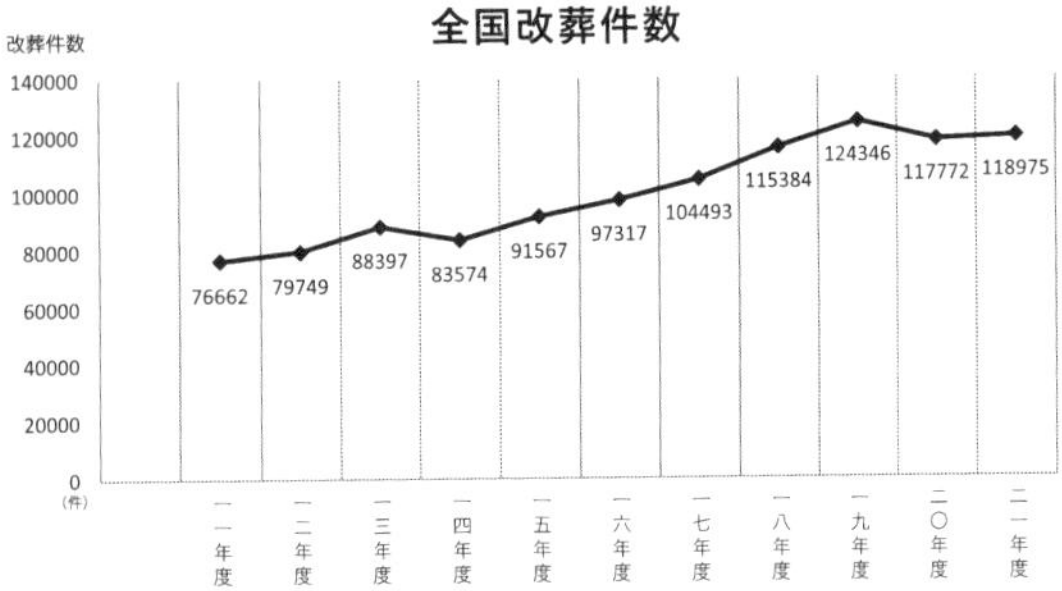

e-Stat（政府統計ポータルサイト）のデータから作成

と指摘されています。

それでは、改葬先の例を具体的にみていきましょう。先祖代々のお墓の継承や、親世代やご自身の今後のことを考えたい方にも参考になると思います。

（1）お墓

遺骨を納める場所として、基本となるのはお墓です。

厚生労働省の「令和三年度衛生行政報告例 統計表 年度報」を参考にすると、二〇二一（令和三）年度末で、全国の墓地区域数は870,705区域です。運営母体別にみると、地方公共団体の運営する墓地が三・四六％（30,208区域）、公益社団法人や財団法人が〇・〇六％（585区域）、宗教法人が六・七五％（58,743区域）、個人が八一・四二％（708,893区域）、その他が八・三％（72,276区域）となっています。

お墓は仏教各宗派によって、形式や、墓石に刻む文字に違いがありますので、お墓を求める場合には、まず所属するお寺に確認してみることをお勧めします。

また、伝統的な形式にとらわれない、洋風のお墓や、故人の人となりをあらわすような文字を刻んだり、デザインされた墓石を置いたりするケースもみられるようになりました。福原堂礎氏は、

さらに、従来の墓石の他に、洋式の墓石があります。宗教的な要素を薄くして、個人の祈念碑や家の墓として建てられることが多いようで、墓石に刻む文字も、「愛」「和」「寂」といったものが多くみられます。

さらに、個人の祈念碑としての意味合いが強くなったものに、ニューデザインの

墓石があります。個人の趣味を偲んで、本の形など色々な形をしたものが建てられるようになりました。（『墓のはなし』二〇〇三年、法藏館、二九頁）

と述べています。

さらに都市部では墓地不足が生じ、土地の使用料が高額になっている事例があります。『毎日新聞』の二〇一九年七月二十八日の社説では、「大都市の墓地不足　将来見据えどう対応する」として、

各地で整備が進んでいるのが、多くの人の遺骨を同じ場所に埋葬する「合葬墓（がっそうぼ）」だ。利用者の抵抗感がもっと少なくなれば、需要は一層高まるとみられるが、行政側も住民の理解が深まるよう努めるべきだろう。

とも述べています。このように、個人（または家）単位での納骨から、合葬という流れもあります。

市区町村などが合葬を推進している例もあります。『朝日新聞デジタル』では、

東京都と20政令指定都市のうち、都と12指定市が公営墓地に合葬墓を設け、3指定市が新たに造る。（「公営の『合葬墓』、大都市圏で急増　生前予約が殺到」二〇一九年一月十四日）

という報道もあり、全国的にも増加していることがうかがえます。

例えば京都府宇治市には、「宇治市天ケ瀬墓地公園　合葬式墓地」（宇治市ホームページ内「宇治市天ケ瀬墓地公園　合葬式墓地」（https://www.city.uji.kyoto.jp/soshiki/21/37342.html））があり、合葬が行われています。また、ここでは合葬室へ直接埋蔵する場合だ

けではなく、十年間あるいは二十年間、個別に遺骨を安置した後に合葬室へ埋蔵するという選択もできるようになっています。このように、期限を設けての個別安置と併せて合葬を行う墓地もあります。

「合葬墓」は継承されてきたお墓を持たない方、今後継承者がいない方にとっての一つの選択肢として注目されています。ただ合葬は、一人ずつ個別に納骨するのではなく、骨壺から遺骨を出して、他の人の遺骨と一緒に納めるという納骨方法が基本となります。一度合葬すると、その後個別に取り出すことはできなくなります。

(2) 納骨堂

納骨堂は、もともとお墓に納骨する前の一時預かりのような位置付けでした。ですが、近年は永代使用として用いられることも増加してきたため、お墓とは別に、遺骨を安置する選択肢の一つとなっています。

納骨堂の歴史や、今日の納骨堂の形などは、第一部「納骨堂の歴史を探る」（本書七二頁）をご参照ください。

納骨堂は比較的アクセスの良い場所にあることが多く、また建物の中に遺骨を安置する施設の場合、天候に左右されることなくお参りができるといった利点が、納骨堂需要の増加につながっていると考えられます。

納骨堂は、個別の区画に遺骨の入った骨壺を納めるケースが一般的ですが、お墓と同様に、合葬も行われています。例えば京都市深草墓園（https://kyoto-fukakusaboen.jp/）は、一九五八（昭和三十三）年七月に納骨堂が開設されています。ここでは、骨壺のまま個別に納骨する短期納骨（三年以内、再申し込みも可能）と、合葬式の永年納骨があります。

また、預かりを開始してから何年か経過した後に合葬し、いわゆる永代供養（寺院などが遺族に代わって永代に管理と供養を行うこと）するという納骨堂もあります。お墓の合葬と同じく、後から個別に取り出すことはできません。

（３）樹木葬

樹木葬は、お墓の墓石を樹木に置き換えた埋葬方法と考えられます。大きく二つのタイプに分かれています。

里山型樹木葬…山林などの広大な敷地で、納骨した区画に一本ずつ墓石の代わりの樹木を植える方法が多い。日本では、一九九九年に岩手県一関市にある臨済宗妙心寺派の祥雲寺（現在の知勝院（https://chishouin.com/chishoin/））がはじめた里山型樹木葬が始まりだといわれます。

都市型樹木葬…庭園や公園のように整備された場所、もしくは墓地の区画の中に樹木葬の専用エリアが設置されているタイプ。個別の区画に遺骨を納め、墓石の代わりに樹木などを植える場合や、シンボルとなる樹木を一～数本植える場合があります。ただし、都市型樹木葬を、庭園型と公園型に分けて説明する例もあります。

納骨の方法も、骨壺やステンレスの筒などに遺骨を入れて、それぞれの区画に納める方法、また骨壺を用いずに火葬した遺骨をそのまま埋めるタイプなど種々あります。お墓や納骨堂と同じく、最初から合葬にする方法もありますし、はじめは個別の骨壺等を用いて遺骨を納めておき、数年後に合葬するという方法もあります。

先述した京都市の「深草墓園」でも、二〇一九（平成三十一）年から樹木葬（深草霊園では「樹木型納骨施設」という）が行われるようになりました。ここでは、個別の納骨は行われず、合葬のみとなります。

樹木葬は、近年、首都圏を中心に契約件数が増加しています。例えば上田浩文氏は、二〇一五年以降樹木葬墓地の開設事例が急増し、特に首都圏を中心とする関東でその傾向が顕著に見られることが明らかになった。（「樹木葬墓地の近年の動向と形態変化に関する研究」『ランドスケープ研究』八五（五）、二〇二二年）

と述べています。

ただし、樹木葬には注意すべき点もあります。

その葬法は中世以前の日本人の宗教観と一致する自然回帰的なイメージを与え、着実に定着化しているといわれている。（本林靖久「日本人の「墓と樹木」の系譜―現代の樹木葬と墓上植樹・弔い上げの民俗との関連をめぐって―『日本語・日本文化』四八、二〇二〇年）

といわれるように、従来の宗教に限定されず自然に還る、自然の一部になるというイメージをかなえるものだと考えられ、自然葬とも呼ばれることがあります。ただし、次に紹介する「散骨」を自然葬と呼ぶ場合もありますし、自然葬という中に、樹木葬と散骨を分類する場合もあり、使用者によって異なるので、混同しないように注意が必要です。また、火葬された遺骨（焼骨）はセラミック化しているため、自然には還らないという指摘もあります（「〈連載〉〝ひとり死〟時代の葬送と備え　散骨で「自然にかえりたい」と考える人の落とし穴」朝日新聞 Re ライフ .net、二〇一九年十月二十八日）。

樹木葬は、墓石を用いず、納骨堂ほど維持管理の手間がかからず、従来通りのお墓や納骨堂よりも比較的安価であることなどが、選ばれる理由となっているようです。

三、「墓じまい」の場合

墓所（墓石）を撤去した後に、取り出した遺骨をお墓に相当する施設に納めない場合を「墓じまい」といいます。

墓じまいの場合、業者に依頼して散骨や送骨などで遺骨を手放すか、自宅に遺骨を安置し手元供養するといった対応が必要になります。

（1）業者に依頼する場合

①散骨

散骨は、パウダー状（二ミリメートル以下）に粉骨した遺骨を撒く方法のことです。この際、注意しなければならないことは、遺骨をパウダー状に粉骨せずに遺骨を撒いてしまうと墓地・埋葬等に関する法律（墓埋法）や刑法一九〇条「死体等遺棄罪」に抵触する場合がある点です。また、パウダー状に粉骨した遺骨を土中に埋める場合は、散骨にはなりません。土中に埋める場合は埋葬許可証が必要になります。

散骨の種類には、主に海洋散骨、山間散骨、宇宙散骨があります。宇宙散骨には、ロケットで宇宙空間に撒くもの、バルーンで成層圏まで飛ばして撒くものなどがあります。

特に、一九九一（平成三）年に結成されたNPO法人「葬送の自由をすすめる会」（https://www.shizensou.net/　以下、「すすめる会」と略称）は、海や山での散骨（「すすめる会」では「自然葬」と呼んでいる）を推進しています。「すすめる会」の結成当時は、散骨が法に抵触するのではないかと議論がありました。しかし、一九九一（平成三）年十月に「すすめる会」が実施した第一回目の散骨後に、法務省は「葬送の一つとして節度をもって行われる限り、遺骨遺棄罪には当たらない」という声明を出しました。また、厚生省（当時）は「墓埋法はもともと土葬を問題にしていて、遺灰を海や山にまくといった葬法は想定しておらず、対象外である。だからこの法律は自然葬を禁ずる規定ではない」という見解を出しています。それ以降、散骨を行う業者も増加しました。

現在のお墓や納骨堂選びでは、どうしても維持管理の悩みが出てきており、その対応策の一つとして、遺骨そのものを手放す散骨が注目されています。

けれども、遺骨を全て散骨してしまうと、その後故人を偲ぼうとしたときに大変になるケースがあるようです。小谷みどり氏は、『朝日新聞 Re ライフ .net』の記事で、

海に散骨をすると、遺族は墓参りが大変になります。日本人はお墓参りの習慣がある人が多いです。散骨する業者は、東経何度、北緯何度にまきました、という証明書をくれます。わざわざ船をチャーターして墓参りをする遺族もいるくらいです。

（「〈連載〉〝ひとり死〟時代の葬送と備え　散骨で「自然にかえりたい」と考える人の落とし穴」朝日新聞 Re ライフ .net、二〇一九年十月二十八日）


と述べています。

また散骨後に、お墓参りをしたいという親族とトラブルになったという事例もみられます。一部の遺骨を手元に残しておくという対応方法も、散骨を行う業者によって紹介

されています。

②送骨・迎骨・預骨

二〇一六（平成二十八）年九月二十一日に、NHKで『クローズアップ現代「あなたの遺骨はどこへ　～広がる〝ゼロ葬〟の衝撃～」』が放送されました。この番組の中で紹介されたのが、送骨・迎骨・預骨《よこつ》といったサービスです。

送骨は遺骨を霊園や寺院に送る方法、迎骨は遺骨を霊園の職員や寺院の住職が自宅などの保管場所に引き取りに行く方法です。

どちらも送り先、または迎え先の霊園や寺院の合葬墓などに納められますが、改葬の場合とは違い、これらは遺族や親族などがお墓参りすることを前提としていないといえるでしょう。

また送骨の場合、送る方法は日本郵便の「ゆうパック」のみです。ヤマト運輸や佐川急便では、遺骨の取り扱いを行っていません。『現代ビジネス』には、「ゆうパックで「送骨」が当たり前に…墓じまいして「三万円で永代供養」サービスの利用者が増えている」（二〇二三年八月十七日）という記事があります。

預骨とは、納骨先を準備するまでの間、一時的に遺骨を預かるサービスのことです。お寺や納骨堂だけでなく、葬儀社や石材店が預骨を行っている場合もあります。

（2）自宅安置と手元供養

納骨をせず、遺骨を自宅のお仏壇などに置いておく自宅安置という方法もあります。自宅に遺骨を安置し、それを供養するということで、手元供養とも呼ばれます。

墓地・埋葬等に関する法律（墓埋法）では、納骨する際に埋葬許可証が必要となると定められていますが、自宅に遺骨を安置する場合は、その限りではありません。ただし、自宅安置していた遺骨を改めて納骨する場合には、埋葬許可証が必要になります。

近年は、単に骨壺に入れた遺骨を置いておくだけではなく、デザイン性の高い骨壺や、遺骨を粉末状にして封入するネックレスなどのアクセサリー、粉末状にした遺骨を混ぜた金属プレート、遺骨に含まれる炭素をもとに制作するダイヤモンドなど、選択肢も増えています。

遺骨を自宅安置して手元供養することは、故人を身近に感じることができるという点や、お墓や納骨堂の維持管理にかかる負担が軽減されるといった点が強調されます。

(3) 地域コミュニティーの取り組み

地域コミュニティーでの取り組み事例もあります。

二〇二二年八月十五日の朝日新聞で、佛名寺（京都府南丹市、曹洞宗）が、複数の家族の遺骨を一緒に納める合祀塔をたてたことが紹介されました（『朝日新聞デジタル』二〇二二年八月十五日「集落みんなで「墓じまい」寺と檀家がめざしたSDGsな挑戦」）。この合祀塔は佛名寺の檀家だけではなく、地域や宗派を問わず納骨可能となっています。いわゆる合葬墓の形態の一つですが、お寺を中心に地域コミュニティーで、各世帯のそれぞれのお墓をしまい、『みんなで同じお墓に入ろう』という取り組みです。この取り組みは、お寺の維持にもつながっているといいます。

また、兵庫県播磨市にある共同墓地「野添出門墓地」は、二〇二一年十月三十日、約八十世帯の墓二九九基を墓じまいし、地元のお寺へ改葬したそうです（『神戸新聞NEXT』二〇二二年二月三日「お墓の引っ越し二〇年で一・八倍　進む高齢化、コロナ禍が追い打ち　地域で丸ごと墓じまいの例も」）。その理由について、『神戸新聞NEXT』では、

共同墓園はかつて、財産区の有志が草刈りなどを担っていた。管理している人たちを記載した二〇一〇年作成の名簿が存在する。しかしその後、住民の高齢化や代替わりなどでほとんど管理されなくなった。

雑草が茂り、蚊が大量に繁殖した。伸びた竹が、隣接するマンションの立体駐車場に絡まることもあった。同町に住民から苦情が入るようになった。（『神戸新聞NEXT』二〇二一年五月二日「江戸時代から続く共同墓地、丸ごと墓じまいのナゼ」）

と、紹介しています。

お墓の維持管理については、各家庭だけの問題ではなく、お墓のある地域コミュニティーにも関わってくる問題です。このような事例は、地域コミュニティーの中で、お寺に宗教的・公共的な役割として合葬を担っていくことが求められているものといえるでしょう。

四、後継者不在時代の中で

これまでみてきたように、時代・社会の変化の中で、今日ではお墓の継承という事が大きな問題となってきています。お墓や納骨堂、樹木葬などで行われる合葬は、後継者のいない方々への対応の一つといえるでしょう。また、遺骨の自宅安置などもそうですが、現在遺骨を管理している人が亡くなった後、その人自身の遺骨も含めてどうするのか、合葬や散骨などの選択肢を、あらかじめ考えておく必要があります。

ただし、一度合葬にすると、後から故人の遺骨を取り出すことができません。なお、散骨の場合は、散骨後に回収することも不可能になる点は要注意です。

また、公営の墓地や納骨堂だからといって、必ずしも費用が安く済むとは限りません。立地や費用など、もろもろの条件を考えた上で、何カ所か比較して考えるとよいでしょう。

さらに近年、墓地や納骨堂が破綻したという事例がありました。墓園の破産例としては、一九九九(平成十一)年に日本墓園が法人設立許可を取り消されたケースがあります。また、納骨堂の破産例としては、『毎日新聞』(二〇二二年十一月七日)に、「札幌の納骨堂が実質破綻し閉鎖　代表者が行方不明、遺骨引き取れず」という記事が掲載されました。

運営母体そのものが安定しているかといった点も気に留めた方がよいでしょう。他にも管理者が変更になったり、規約が変更になったりしてトラブルになる例もあります。例えば、『朝日新聞』（二〇二一年三月七日）には、「墓の永代管理費、45年前払ったのに規約消え毎年請求」という事例が紹介されています。

絶対に安全だと言い切ることはできませんが、公営の納骨堂や、大きな宗派の本山などが運営しているところは、比較的運営が安定していると考えられるのではないでしょうか。

○相談が大切

お墓や遺骨等の取り扱いや、宗教的な内容については、お寺にも相談してください。

また、死後の手続きや遺産などの整理については、行政書士や司法書士に依頼することも可能です。

お墓や遺骨の問題は、たいへんデリケートな部分があります。また、本人だけでなく、家族や親族も関わることですから、一人で決めずに、家族や親族とも相談することが大切です。

相談する際には、一七五頁のフローチャートや、序の【架空『教学相談』】（一八頁）などを参考に、遺骨をどうしたいのかという考えをまとめておくとよいでしょう。

第三章　本願寺だからできること（田中真・八橋大輔）

これまでみてきたように、近年より指摘されているような、地方の過疎化と加速する少子高齢化などの現代社会の急激な変化、さらに多死社会における「家」を中心としてきた宗教から個人の宗教への変容といった社会状況の変化によって、葬儀や埋葬形態も変化し続け、遺骨や墓地の管理などについてもさまざまな問題が浮き彫りになっています。

地方にある先祖のお墓をまもり続けることが難しくなったり、身近な親族の遺骨を管理することも、お参りをする相続人もいなくなるといった、いわゆる無縁化に起因する根本的な事象が生じて久しいこの時代にあって、全国三十二の教区がある浄土真宗本願寺派では、それぞれの教区において、現代の暮らしの変化に対応したお墓や納骨の管理についてのさまざまな事業を展開しています。

例えば、代々の墓を継承することが困難な方が利用可能なお墓の一つに「合同墓」があります。一口に合同墓といっても、骨壺から直接お骨を移すのではなく、他の方の遺骨と混ざることがないように、個別のお骨袋に入れて収蔵するという丁寧な埋葬法をとる施設もあれば、納骨をする際に「分骨」[※1]とするか「全骨」[※2]とするかの選択をすることができる納骨所もあります。あるいは、利用するにあたり、宗教や宗派は問わないといった配慮を示す施設もあります。

それぞれの地域で、本願寺派が支援する事業を知り、利用していただくことで、個人で抱え込んでいた心配事が軽減されるかもしれません。それを願って、以下にお墓や納骨の管理に関する本願寺派の事業をご紹介いたします。この機会に、ぜひご自分に合った納骨場所や納骨方法をみつけていただければと思います。なお、以下の事業紹介は、各別院のｗｅｂサイトに掲載された情報（二〇二三年八月現在）などをもとに、まとめたものです。

※１　遺骨を二箇所以上の場所に納骨すること。
※２　遺骨を一箇所の場所のみに納骨すること。

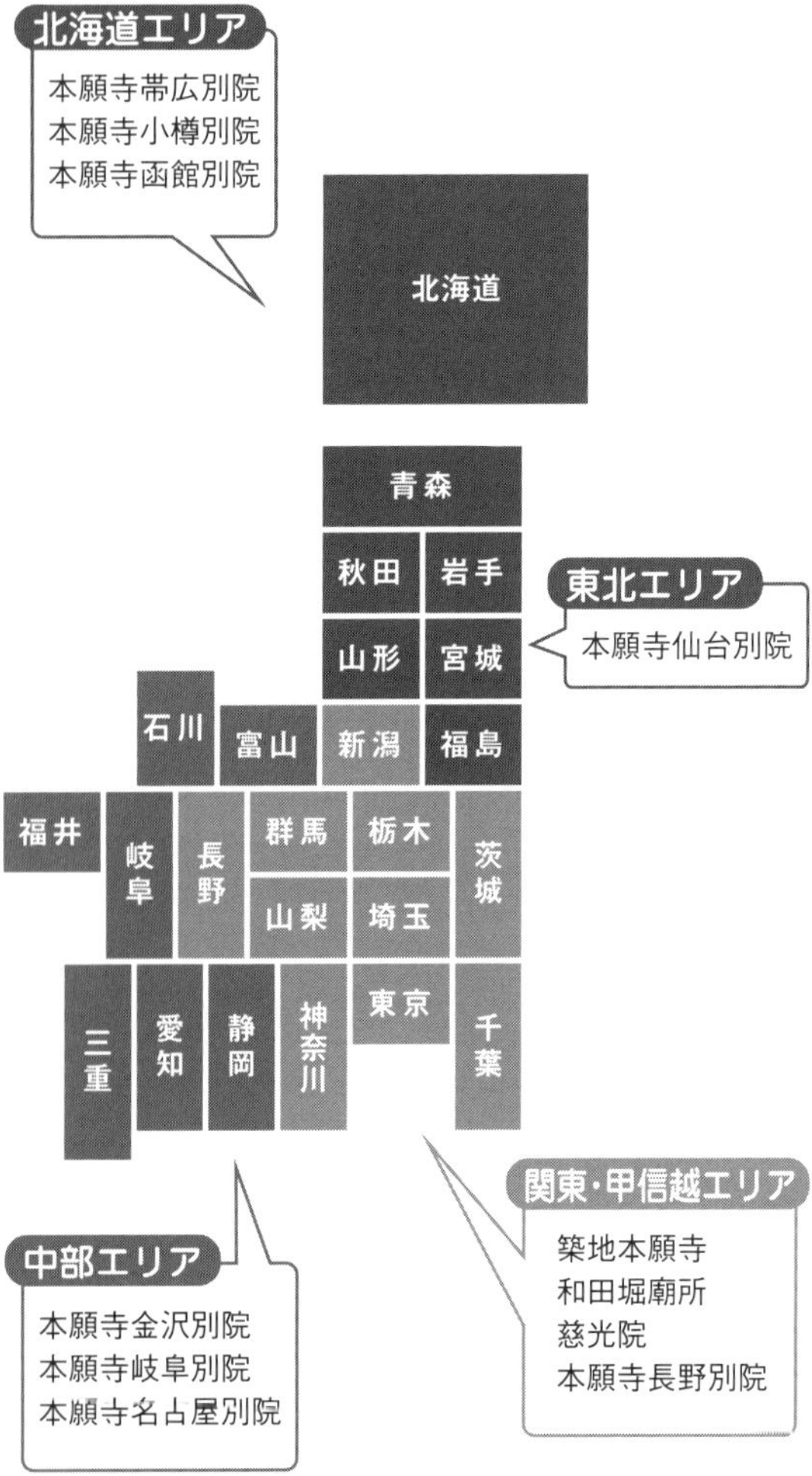
北海道エリア
本願寺帯広別院
本願寺小樽別院
本願寺函館別院
北海道
青森
秋田
岩手
山形
宮城
東北エリア
本願寺仙台別院
石川
富山
新潟
福島
福井
岐阜
長野
群馬
栃木
茨城
山梨
埼玉
三重
愛知
静岡
神奈川
東京
千葉
関東・甲信越エリア
築地本願寺
和田堀廟所
慈光院
本願寺長野別院
中部エリア
本願寺金沢別院
本願寺岐阜別院
本願寺名古屋別院

本書で紹介する
大谷本廟・本願寺別院の所在地

近畿エリア

大谷本廟
本願寺山科別院
本願寺堺別院
本願寺鷺森別院
本願寺西山別院
本願寺津村別院
本願寺尾崎別院
本願寺神戸別院

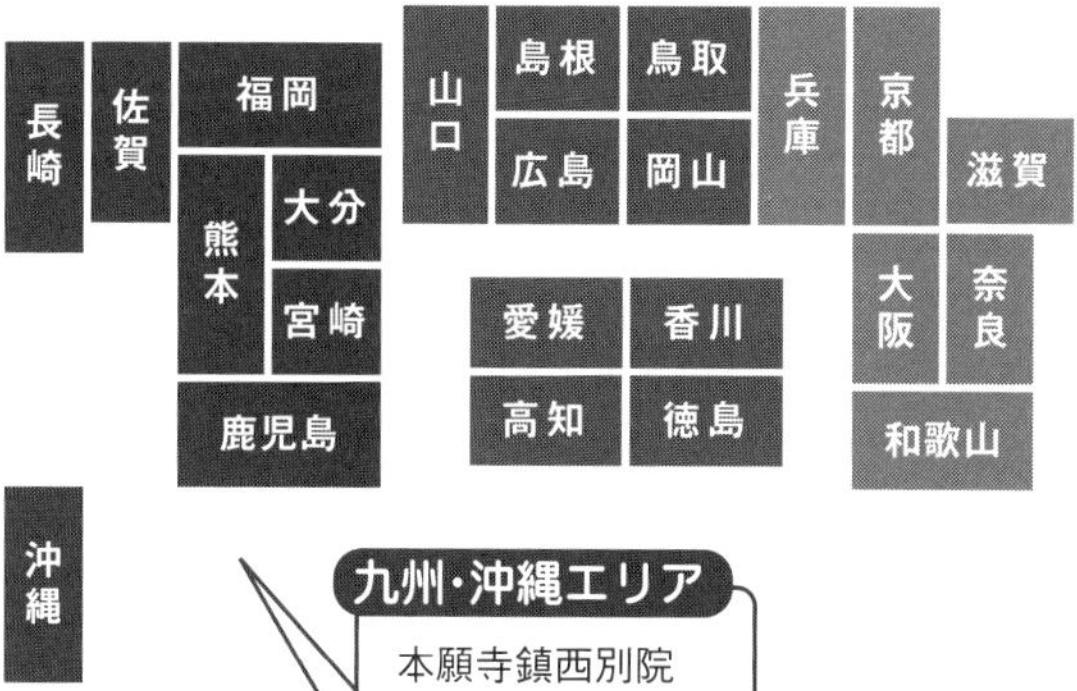

九州・沖縄エリア

本願寺鎮西別院
本願寺大牟田別院
本願寺別府別院
本願寺鹿児島別院
本願寺沖縄別院

大谷本廟・京都

●京都市東山区五条橋東6丁目514
TEL　075－531－4171

情報
・管理者常駐　・法要施設あり
・会食施設あり　・駐車場あり

《沿革》大谷本廟は、浄土真宗の宗祖親鸞聖人のご廟所（墓所）です。本願寺第十二代准如上人時代の一六〇三（慶長八）年に、現在の五条坂の地に移転して以後、整備されてきました。現在では「西大谷」として親しまれ、全国より多くの方のお参りがあります。

●祖壇納骨　宗祖親鸞聖人のご影並びに遺骨が納められる場所で、一六六〇（万治三）年に今日の場所に造設されました。祖壇の左右には歴代宗主並びにお裏方の墓所があります。年間約一万二〇〇〇件の納骨が行われ、全国の門信徒の遺骨が納められています。

●無量寿堂納骨　祖壇の近くにたてられた、国内最大級の納骨所です。第一無量寿堂（一九六八年造営）と第二無量寿堂（一九九〇年造営）があります。

※現在、新規交付を受け付けているのは第二無量寿堂のみです。

※寺院名義の納骨壇と、個人・団体名義の納骨壇があります。

●大谷墓地納骨　一六六一（寛文元）年に墓碑建立を許可されて以来、親鸞聖人のご遺徳を偲ぶ全国の門信徒がこの地に墓地を求めて、今日も多くの墓碑が立ち並んでいます。

※現在、新規交付の受付は終了（二〇二三年七月現在）

築地本願寺・東京

●東京都中央区築地3丁目15番1号
TEL 03−3541−1131(寺)

情報
・管理者常駐　・法要施設あり
・会食施設あり　・駐車場あり

《沿革》築地本願寺は、一六一七（元和三）年に浅草近くに創建され、明暦の大火で焼失した後、現在の地に移転しました。関東大震災で再び焼失しましたが、一九三四（昭和九）年に再建を果たし、現在のオリエンタルな雰囲気の本堂の姿となりました。本堂を設計したのは東京帝国大学（現在の東京大学）名誉教授の伊東忠太博士です。

●**合同墓**　心安らぐ都心の廟所で、故人の家族や親族に代わり、永代にわたってご遺骨を預かります。過去の宗教宗派は問いませんが、築地本願寺倶楽部への入会が必要です。

※第一期申し込みは終了。二〇二四年四月より第二期申し込みの受付開始。

●**納骨堂**　本館一階に二二二〇区画を設置。「普通区画」「特別区画」の二種があります（現在は募集無し）。礼拝施設も完備しており、法要を執り行うことができます。本願寺派の所属寺院でない方は、築地本願寺護持講（門信徒の会・年度講費は一万円）にご入講いただきます。

●**永代措置・特別措置**　使用者名義（使用権）の承継が難しい方は、「永代措置」と「特別措置」のお申し込みができます。「永代措置」の場合は十五年間、「特別措置」の場合は三十年間、最後の名義人が亡くなられたり使用権の放棄をされてからも引き続き区画が維持管理され、期間終了後、築地本願寺「合同墓」の合同区画へ改葬致します。

北海道エリア

本願寺帯広別院

●帯広市東三条南5丁目3
TEL　0155−23−3720

情報
・管理者常駐　・法要施設あり
・駐車場あり

《沿革》本願寺帯広別院は、一八九九（明治三十二）年、当時の帯広市東一条南六丁目に民家を借り受け、「本派本願寺帯広説教所」が設立されたことにはじまります。その後、一九二九（昭和四）年に現在の地に現本堂が建立され、一九九七（平成九）年には免震改修工事なども施されています。そして二〇二三（令和五）年、本堂屋根の改修が行われ、美しい装いを取り戻しました。「浄華堂」とよばれる納骨堂は、一九六三（昭和三十八）年に対面所とともに完成し、一九七八（昭和五十三）年に納骨壇が増設されました。第一浄華堂の正面、阿弥陀如来像の上部にあるガラスはステンドグラスを使用し、色鮮やかな色彩を放っています。

●浄華堂　納骨堂の名称で、第一浄華堂（一階・二階）と第二浄華堂（一階）があり、あわせて一八八六基の納骨施設を備えています。先人のおかげに思いをはせ、みほとけの心にふれる場として設定されています。

北海道エリア

本願寺小樽別院

● 小樽市若松町1丁目4番17号
TEL 0134-22-0744

情報
・管理者常駐 ・法要施設あり
・駐車場あり

《沿革》本願寺小樽別院は、西本願寺の北海道開教の発祥地として、函館別院と相前後して開創されました。一八五八（安政五）年、北海道の開教に意をそそがれた本願寺第二十代広如上人のときに、本山の指示を受けて小樽郡新地町に一宇の坊舎が建立されました。一八七四（明治七）年に現在の若松町（旧開運町）に移り、一九一二（大正元）年に現在の本堂が竣工しました。二〇〇三（平成十五）年には、本堂・鐘楼堂の大修復工事が行われ、現在に至っています。

●**浄縁塔**　本堂に向かって左側に「浄縁塔」とよばれる納骨施設があります。一九九七（平成九）年に建立。

●**無量寿閣**　本堂に向かって右側に「無量寿閣」とよばれる納骨施設があります。一九六六（昭和四十一）年に建立しています。その後、一九八二（昭和五十七）年に新納骨堂が完成しました。

それぞれの施設内には本尊が安置されています。

北海道エリア

本願寺函館別院

●函館市東川町12番12号
TEL　0138-23-0647

情報
・管理者常駐　・法要施設あり
・文化会館あり　・駐車場あり

《沿革》本願寺函館別院は、江戸幕府の道開拓にあわせて開教がはじまり、本願寺第二十代広如上人の頃、一八五七（安政四）年に寺院建立の公許を得たのがはじまりです。本堂は、明治初期から昭和初期にかけて幾度となく焼失しましたが、一九五〇（昭和二十五）年に再建され、二〇一三（平成二十五）年に現在の本堂が新たにたてられました。

●**納骨堂報恩殿**　別院の敷地に建つ納骨堂は、一九八二（昭和五十七）年に完成しています。納骨壇納骨、総骨堂納骨、貸段納骨の三種類から各家庭に合った納骨方法を選ぶことができます。

●**記念納骨壇**　本堂二階に五十基あり、普通壇から記念納骨壇への変更冥加もリーズナブルとなっています。お骨の収納数は十六個となっています。一年三六五日、いつでも参拝いただけます。

●**総骨堂（合葬）**　年回法要や墓地参拝などに利用できる船見町の台町出張所には、「総骨堂」とよばれる墓地の合葬墓があります。

東北エリア

本願寺仙台別院

●仙台市青葉区支倉町1番27号
TEL　022－222－8567（別）

情報
・管理者常駐　・法要施設あり
・書院研修会館あり　・駐車場あり

《沿革》本願寺仙台別院は、本願寺第二十一代明如上人の頃、一八七二（明治五）年より開教使が奥羽に派遣され、伽藍建立に専念されたことにはじまります。その後、一八七七（明治十）年には本山東京事務出張所宮城支局が設置され、翌年、仙台説教所となりました。一八八〇（明治十三）年に本願寺派仙台別院となり、一八八三（明治十六）年には仮本堂が落成し、一九一〇（明治四十三）年に本堂が竣工しています。第二次世界大戦の仙台空襲により本堂は焼失し再建するも、諸般の事情により一九五四（昭和二十九）年に現在の支倉町に寺地を移すことになりました。現在の本堂は一九五九（昭和三十四）年に建立しました。

●**別院墓地**　仙台別院より北方へ車で約十分の仙台市青葉区三条町十八番一号に別院墓地を運営しています。日当たりがよく緑に囲まれた環境に立地し、一区画あたり五尺×六尺の面積となっています。

関東・甲信越エリア

和田堀廟所（築地本願寺 分院）

●東京都杉並区永福1丁目8番1号
TEL 03-3323-0321

情報
・管理者常駐 ・法要施設あり
・門徒会館あり ・駐車場あり

《沿革》和田堀廟所は、一九二三（大正十二）年の関東大震災ののち、築地本願寺境内の墓地・石碑移転に伴い、築地本願寺の分院の一つとして設立されました。一九三四（昭和九）年から続く墓地には、築地本願寺の建設に尽力した佃島の方々や、樋口一葉などの文化人の墓碑も並んでいます。

●**墓地**　総面積約二万四千五百㎡、約四千区画という広々とした敷地を有し、お墓は一㎡から最大四十八㎡まで、幅広い選択肢の中から選べます。

●**納骨堂**　収骨数や予算に応じて全五種類の納骨壇から最適なタイプを選べます。

・普通壇…（中型）金箔調の欄間彫刻や鳳凰の蒔絵が美しい伝統的な納骨壇。
（小型）漆風の黒扉に白百合の蒔絵が落ち着いた空間を作り出している。

・多段壇…（中型）黒を基調としたモダンな納骨棚が立ち並ぶスマートな空間。
（小型）金色を基調としたおひとりさまの小型区画。

・特別壇…御厨子、蒔絵、扉の彫刻など、随所に伝統の技と美が映える納骨壇。

●**特別措置**　将来、承継者（跡継ぎ）がおられない方を対象に、保管年数に応じた年次冥加金と特別措置冥加金をお納めいただくことで、名義人の死後一定期間（最長十二年間）ご遺骨を安置し、その後合同墓（総廟）へ埋葬します。

慈光院（築地本願寺 分院）

●東京都墨田区横網1丁目7番2号
TEL 03-3622-3011

情報
・管理者常駐　・法要施設あり
・礼拝堂あり　・和室・洋室あり

《沿革》慈光院は、一九二三（大正十二）年の関東大震災で被害の大きかった本所の被服廠跡にたっています。震災後、被害を受けた方々のために設置された救護所や託児所、そして多くの亡くなられた人びとの追悼と、残された方々の心のよりどころとして説教所が設置されたことにはじまり、一九二八（昭和三）年に慈光院となり、本堂が新築されました。一九七八（昭和五十三）年に本堂改修が行われ、二〇一六（平成二十八）年には本堂が新築されました。二階に本堂があり、一階には礼拝堂があり、恒例法要や法話会のほか、法事・葬儀の場所として、また会議室や控え室もあり、食事会場としても利用できます。

●**納骨堂**　院内には仏壇型納骨壇と多段型納骨壇を備えています。浄土真宗本願寺派の方に限ります（所属のお寺がない方は慈光院門信徒会にご入会いただきます）。

※現在は受付を終了しています。（二〇二三年七月現在）

関東・甲信越エリア

本願寺長野別院

●長野市西後町1653番地
TEL　026-232-2621

情報
・管理者常駐　・法要施設あり
・会食施設あり　・駐車場あり

《沿革》本願寺長野別院は、信濃国水内郡（現在の長野市若槻）の和歌月重勝が開基で、建暦年間に東国に向かわれる途次、北信濃に滞在された親鸞聖人に帰依し法名を釈證誓と賜ったと伝えられています。一五八〇（天正八）年、長門町（現在の長野市）に正法寺を創建し、一六三六（寛永十三）年に現在の西後町に移転し、一七七二（安永元）年、旧本堂が建立されました。その後、一九二五（大正十四）年に本願寺長野別院となりました。現在の本堂は、一九七四（昭和四十九）年に建立しました。また一九九五（平成七）年には本堂を再整備しています。

●**墓地**　長野別院の境内墓地は、現在、墓地参拝用通路の幹となる部分の舗装整備を計画をしています。墓地の使用状況を整理したところ、いくつかの空きが確認されており、ご門徒・有縁の方に利用できるように情報を公開予定です（二〇二三年七月現在）。

●**合葬墓**　合同墓の需要が高まりつつある状況を受けて、現在、本堂北側の桜の木の下にある合葬墓を新たに建設する計画をしています。

●**納骨堂**　本堂の階上には納骨所を併設しています。お墓を有されない方や諸事情でお骨を一時的に預けなければならない方のために、期間を設定しての一時預かり納骨堂を活用する計画も予定です。一時預かりを経て合葬墓への埋葬も可能となっています。

中部エリア

本願寺金沢別院

●金沢市笠市町2番47号
TEL 076-221-0429
（大谷廟所 金沢市尾山町7-3
TEL 076-231-7426）

情報・駐車場あり

《沿革》本願寺金沢別院は、本願寺第三代覚如上人が宗祖親鸞聖人のご旧跡を巡回された折に、当地に一宇の草庵を結んで本源寺と名づけ、第二代如信上人の十三回忌を勤修されたことにはじまると伝えられています。第十代証如上人は、当寺を金沢御堂（尾山御坊）とされました。石山合戦の影響で、尾山御坊は金沢城となり、入城した前田利家より寺地の寄進を受けて本堂が建立され、第三代前田利常より現在地に寺地の寄進を受けた後、本堂は幾度も火災や天災によって罹災しましたが、その都度再建され、現在に至っています。

●**大谷廟所**　本願寺金沢別院の管理する別地に「大谷廟所」とよばれる納骨堂があります。本願寺第八代蓮如上人は、金沢御堂の境内地に父君・第七代存如上人のご遺骨を埋蔵され、前田利家が入城してからも、尊き方の塚であるとして、大切にまもられてきました。明治十四年に、陸軍が金沢城址を連隊とした折に、現在地（石川県金沢市尾山町七―二）に移築されました。

金沢市をはじめ、全国の門信徒の遺骨を納める施設にもなっており、分骨（遺骨を二箇所以上の別々の場所に納骨すること）や全骨（遺骨を一箇所にのみ納骨すること）など、いずれの形でも納めることができます。

中部エリア

本願寺岐阜別院

●岐阜市西野町3丁目1番地
TEL 058-262-0231

情報
・管理者常駐　・法要施設あり
・会館施設あり　・駐車場あり

《沿革》本願寺岐阜別院は、一六〇三（慶長八）年に創立され、本願寺第十二代准如上人を開基とする寺院です。当地を領していた戦国武将・一柳直高の遺言により、その墓の傍らにたてられた一宇が別院のはじまりと伝えられます。火災・地震や戦争などにより諸堂は幾度も焼失しましたが、その都度再興され、一九五一（昭和二十六）年に現在の本堂が再建されました。

●八角堂　岐阜別院では、永代合同埋葬墓「八角堂」を運営しています。大切な方や自身の埋葬先を考えている方に、永代に亘る安心を約束する施設です。

※記名刻字　八角堂の両側には、記名刻字石碑があります。ご希望の方にはお名前を刻字できます。（二万円／一名）

●墓地　境内地には、新規に使用できる墓地の区画があります。利用者の要望に応じて、一区画（九〇cm×九〇cm）よりご案内しています。

※墓地では、永代経を承っています。（懇志三十万円～）

※墓地使用者の死亡等の理由により、墓地使用権を承継する場合は、【承継手続き】をする必要があります。

中部エリア

本願寺名古屋別院

●名古屋市中区門前町1番23号
TEL 052-321-0028

情報
・法要施設あり
・駐車場あり

《沿革》本願寺名古屋別院は、本願寺第八代蓮如上人の第十三子・蓮淳師が建立した願證寺（現・三重県長島町）が起源とされています。一六一〇（慶長十五）年に現在の地に移り、第十四代寂如上人の頃、名古屋御坊になりました。一八七六（明治九）年に本願寺名古屋別院に改称となり、一九七二（昭和四十七）年に現在の本堂が完成しました。

●**合葬墓**　平和公園（名古屋市千種区）内の合葬墓で、西本願寺の門信徒としてご縁を結んでくださる方にお申し込みいただけます。

●**平和公園墓地**　同じく平和公園内にあり、西別院門信徒としてご縁を結んでくださる方にお申込いただけます。新規申込は一区画（九十cm×九十cm）より利用が可能です。

●**納骨堂**（らいはい所）　本堂一階にはロッカー型式の納骨堂があります。多くの遺骨が納骨できる「特別区画」と、少数の遺骨が納骨できる「普通区画」とがあります。門信徒、新たに門信徒になられる方などにお申し込みいただけます。

※二〇二四年八月に新たな納骨堂を開設予定です。

※墓地・納骨堂の承継が難しい方は平和公園合葬墓または大谷本廟を案内します。

近畿エリア

本願寺西山別院

●京都市西京区川島北裏町29番地
TEL 075-392-7939

情報
・管理者常駐　・法要施設あり
・駐車場あり

《沿革》本願寺西山別院は、平安時代初めに伝教大師最澄によって西山の地に開かれた久遠寺がはじまりです。本願寺第三代覚如上人は、この久遠寺を念仏の道場として復興されました。上人のご往生後、覚如上人の墓所が妻・善照尼の墓所とともに境内に営まれました。当別院は、「得度習礼」や「教師教修」などの本願寺派の僧侶を育成する研修道場でもあります。

●**墓地**　敷地内にある墓地は平地で管理され、バリアフリーとなっています。ご宗旨が浄土真宗本願寺派の方にご利用いただけます。

●**共同墓碑**　墓地の一画には「和合海」とよばれる共同墓碑があります。「今後、先祖代々の墓をまもり続けることが難しい」「お墓をたてても、相続する身内がいない」「家族に心配をかけたくない」など、納骨に関する遺族の悩みに応えようと、運営が開始されました。「和合海」は、毎年の管理費について一切かからず、後継者がいなくても当別院が責任をもって永代にわたって管理いたします。共同墓碑「和合海」のご利用に際しては、納骨者の法名並びにお名前を銘板に刻字して掲示しています。（縦十・五cm×横三・五cm）

※生前の予約は受付しておりません。

近畿エリア

本願寺山科別院

● 京都市山科区東野狐藪町2番地
TEL 075-581-0924

情報
・管理者常駐
・法要施設あり
・駐車場あり

《沿革》本願寺山科別院は、本願寺第八代蓮如上人ゆかりの地にたてられた別院で、山科本願寺の旧跡として親しまれています。一四六五（寛正六）年に京都東山の大谷本願寺が破却されて以降、蓮如上人は近江に避難されていました。上人六四歳の一四七八（文明十）年、金森の道西の願いにより山科郷西中路に坊舎をたてられたのが山科本願寺のはじまりです。一五三二（天文元）年、華麗を極めた山科本願寺は兵火により灰燼に帰しましたが、二百年後の一七三二（享保十七）年、無楽寺として再興され、一七七四（安永三）年に現在の本堂が建立されました。別院の境内にある「中宗堂」は、一八二三（文政六）年に「蓮如堂」として本堂に南に建立されたお堂で、蓮如上人御木像が安置されています。

●**墓地**　当別院が管理する別敷地には墓所があり、「普通区画」と「小区画」の二種類の特別交付があります。

※「小区画」は一区画ずつの交付で、墓碑は規定の企画（形・寸法）があります。

※交付手続き完了後、三カ月以内に「境界見切り石」の設置、三年以内に墓碑の建立をお願いしています。

※交付書類には、浄土真宗本願寺派寺院の所属寺証明が必要となります。

近畿エリア

本願寺津村別院（北御堂）

●大阪市中央区本町4丁目1番3号
TEL　06-6261-6796

情報
・管理者常駐　・法要施設あり
・駐車場なし

《沿革》一四九六（明応五）年に本願寺第八代蓮如上人によって今の大阪城付近に一宇の坊舎が建立され、後に大坂（石山）本願寺と寺内町が形成されました。その後、本願寺が京都に寺基を移転した一五九二（天正二十）年、大坂の門徒たちは天満に近い「楼の岸」に集会所を設けました。これが本願寺津村別院のはじまりです。一五九七（慶長二）年に現在の地に移転し「大坂（津村）御坊」と称されました。一八七六（明治九）年に津村別院と改称し、境内・伽藍が整備されますが、第二次世界大戦の空襲により全てが焼失しました。現在の建造物は、一九六四（昭和三十九）年に完成しました。

●北御堂納骨堂

・納骨壇　普通区画（高さ二m×幅三十五cm×奥行四十cm）と、小型区画（高さ三十五cm×幅三十五cm×奥行四十cm）が一階と四・五階にあります。（※四・五階の普通区画は、現在新規申し込みを終了）

・永久納骨　浄土真宗本願寺派の門信徒、僧侶、寺族の方のご遺骨を永久納骨所に安置し永代にわたり管理します。合葬にて納めさせていただきますので、一度納められたご遺骨はお返しすることができません。

近畿エリア

本願寺堺別院

●堺市堺区神明町東3丁1番10号
TEL 072-232-4417

情報
・管理者常駐　・法要施設あり
・会館施設あり　・駐車場あり

《沿革》本願寺堺別院は、本願寺第八代蓮如上人ゆかりの地にたてられた別院です。当別院の前身となる信証院が創建されたのは、一四七六（文明八）年のことで、蓮如上人が自らの院号である「信証院」と名付けられたのがそのはじまりです。

●蓮如堂永代納骨　蓮如上人のご遺骨を分骨し納めるとともに、門信徒の遺骨を納骨するお堂となっています。

※故人の全骨納骨の方は火葬許可証を、改葬の方は改葬許可書を納骨の際にご用意ください。

●納骨堂納骨　納骨堂には「普通区画」と「特別区画」を設置しています。

・普通区画　ロッカー形式の納骨室です。

・特別区画　上部には仏壇を備え、扉を開くと灯明が自動点灯します。また仏具（花瓶・鑿・香炉・香盒・過去帳台・電池式ローソクなど）も完備しています。下部に三段からなる納骨室があります。

●墓地　新規の墓地申し込みのほか、今あるお墓から堺別院の墓地へ引越し（改葬）することができます。お墓の改葬に関しては、行政の手続きが必要になります。

※納骨・墓地をご希望の方は当別院Ｗｅｂサイトよりオンラインにて仮申込が可能です。

近畿エリア

本願寺尾崎別院

●阪南市尾崎町2丁目8番19号
TEL 072-472-4128

情報
・管理者常駐　・法要施設あり
・会館施設あり　・駐車場あり

《沿革》本願寺尾崎別院は、善徳寺という草堂がはじまりで、当寺で一夜を明かした老父が、蓮如上人御染筆の六字名号と善導大師の釈文の軸などが入った笈《おい》を残されていったと伝わります。その後、善徳寺は焼失しますが、一五九八（慶長三）年に再建が計画されて堂宇を建立し、本願寺第十二代宗主准如上人に寄進し尾崎別院となりました。一七〇〇（元禄十三）年に再び焼失しますが、一七〇五（宝永二）年に御坊が再建されました。一九九三（平成五）年に屋根や内陣等の大修復が行われ、再建当時の姿を取り戻し今に至ります。

●**納骨壇納骨**　本堂内の納骨壇に納骨します。一区画ごとにご使用になる当初に使用冥加金の納入が必要です。なお、以降はお納めいただくことはありません。また、使用冥加金とは別に、維持管理冥加金を一区画毎に「永代」または「年次」でお納めいただきます。「永代」の場合は、使用冥加金とあわせて一括で、「年次」の場合は、毎年定期に納付のご案内をいたします。

●**別院納骨**　当別院内の安置所にて永代にわたり管理します。納骨時に納骨冥加金をお納めいただきますと、今後一切費用はかかりません。「別院納骨」に納骨されたご遺骨は、いかなる理由があってもお返しすることはできません。

※納骨する際に「納骨願」と「火葬許可証」又は「改装許可証」をご用意ください。

近畿エリア

本願寺鷺森別院

●和歌山市鷺森1番地
TEL 073-422-4677

情報
・管理者常駐
・法要施設あり
・駐車場あり

《沿革》本願寺鷺森別院は、一四七六（文明八）年本願寺第八代蓮如上人の弟子となった了賢が飯盛山に清水（冷水）道場（現在の了賢寺）を建立したことに由来します。一四八六（文明十八）年に、蓮如上人が紀伊にご逗留されたことを契機に本願寺の教勢は拡大しました。その後清水道場の寺基は再三移転を繰り返し、一五六三（永禄六）年、雑賀荘宇治郷鷺森（和歌山市）に移りました。これが雑賀御坊、すなわち鷺森別院です。現在の堂宇は一九九四（平成六）年に完成しました。

●**納骨法要**　鷺森別院では、次のような手順で納骨を行っています。まず当別院にて、僧侶が納骨法要を丁重にお勤めした後、鷺森別院が所有する京都市東山区にある大谷本廟内の墓所に遺骨を安置し、永代にわたり管理するシステムです。地方の過疎化などの社会環境の変化や、葬儀、埋葬形態の多様化などによる、お墓や納骨などに関する相談にも応じています。

近畿エリア

本願寺神戸別院

●神戸市中央区下山手通8丁目1番1号
TEL　078－341－5949

情報
・管理者常駐　・法要施設あり
・駐車場あり

《沿革》本願寺神戸別院は、一六三九（寛永十六）年に本願寺第十三代良如上人より寺号を授かった善福寺がはじまりです。一九〇八（明治四十一）年には総班事務所を置いて別格別院となりました。一九一七（大正六）年の火災によって焼失しますが、一九三〇（昭和五）年に日本初となるインド仏教様式の斬新なデザインによる鉄筋の寺院が完成し、一九六〇（昭和三十五）年に本願寺神戸別院となりました。現在の建物は、一九九五（平成七）年九月に完成しました。「モダン寺」と呼ばれ、親しまれています。

●**納骨所**　「普通区画納骨壇」、「五段型納骨壇（小型納骨）」、新区画の「三段型納骨壇」があります。骨壺は使用者希望の大きさ・種類で納めることができ、年次維持冥加金納付により使用期間を延長することができます。なお、納骨所を使用された方は、区画を返還して安穏壇・合葬壇へご移骨される場合、納骨懇志は不要です。※永代経懇志はお願いいたします。

●**安穏壇**　個別安置となり、ご遺骨一体につき永代経懇志と納骨懇志をご進納いただきます。なお、ご使用の納骨所を返還されてご移骨される場合、納骨の懇志は不要です。

●**合葬壇**　合葬安置となり、ご遺骨一体につき永代経懇志をご進納いただきます。同時にお持ちいただいたご遺骨は、複数体でも五万円の納骨懇志となります。

九州・沖縄エリア

本願寺鎮西別院

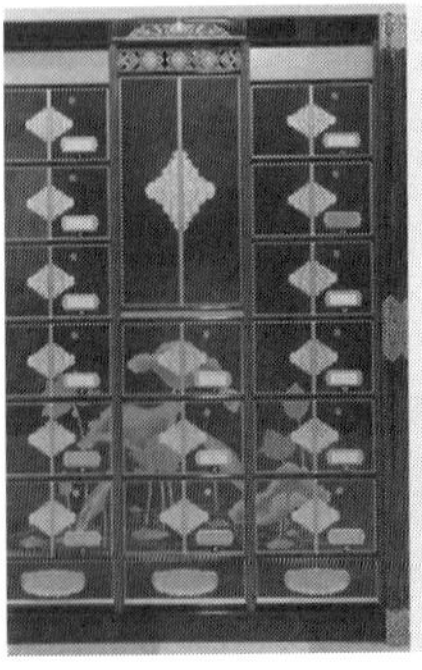

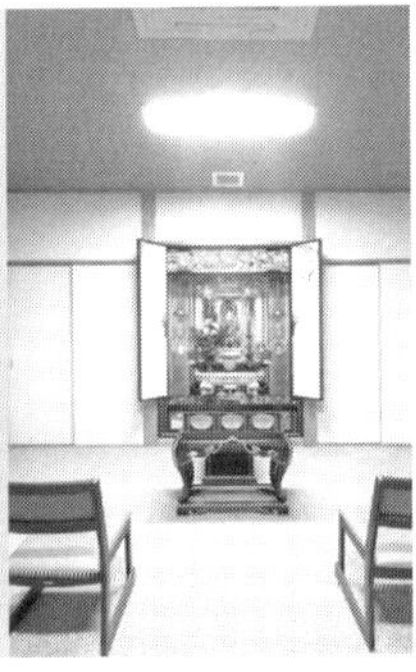

●北九州市門司区別院6番1号
TEL　093－381－0790

情報
・管理者常駐　・法要施設あり
・駐車場あり

《沿革》本願寺鎮西別院は、本願寺第二十二代鏡如上人の頃、門司の地に別院建立の計画が立てられたことにはじまります。一九〇七（明治四十）年、五千余の坪地を寄進され、外にも篤志家の寄進を受けて、一万三千坪の敷地を得ました。一九一一（明治四十四）年には、本願寺より本尊が授与され、十三間の仮本堂の起工式が営まれました。しかし、一九一七（大正六）年、仮建設の別院が延焼し、その後しばらく本堂再建の機運には至らず、罹災を免れた対面所を仮本堂としました。現在の本堂は、一九六七（昭和四十二）年に再建されました。

●瑞光堂　鎮西別院内にある納骨堂「瑞光堂」は、礼拝施設を完備しており、法要を執り行うことができます。全館バリアフリー仕様となっており、いつでも安心してお参り頂ける納骨堂です。

・納骨壇　上部の仏壇と下部の納骨棚で構成されている「納骨壇」と納骨棚のみの「多段壇」があります。収蔵する壺数によって納骨壇のタイプを選ぶことができます。

・合同区画納骨　後継者が必要なく、寺院が永代にわたり、管理する納骨方法です。お骨を粉状にして専用の桐箱に入れて合同区画へ納骨します。

九州・沖縄エリア

本願寺大牟田別院

●大牟田市上町1丁目6番地の10
TEL 0944-52-2924

情報
・管理者常駐
・法要施設あり
・駐車場あり

《沿革》本願寺大牟田別院は、一八九四（明治二十七）年、三井鉱山合名会社社長の三井三郎助の代理団の琢磨氏によって大牟田市下里町一一八番地の土地を取得し、知恩院の名称で三十六年間布教活動が行われたことにより由来します。一九二九（昭和四）年には、同市有明町七一番地を取得し、ここに当別院を設立しました。しかし、一九四五（昭和二十）年、第二次世界大戦により建造物が焼失し、三井鉱山株式会社の所有地（同市出雲町一番地）と土地を交換した後、一九八四（昭和五十九）年に現本堂と納骨堂が建立（後年納骨壇を増設）されました。

●**納骨堂**　本堂は二階にあり、三階には納骨堂があります。納骨壇一基につき、骨壺三～六体の収納が可能です。

九州・沖縄エリア

本願寺別府別院

●別府市北浜3丁目6番36号
TEL 0977-22-0146

情報
・管理者常駐　・法要施設あり
・駐車場あり

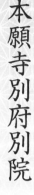

《沿革》別府別院は、一九三一（昭和六）年頃、本願寺第二十三代勝如上人の伝灯奉告法要の記念事業のなかで本願寺説教所として建設されたのがはじまりで、一九四三（昭和十八）年に本願寺別府教堂、一九四九（昭和二十四）年に別府別院となりました。一九四八（昭和二十三）年、病気療養のため別府鉄輪の地にご逗留中だった本願寺第二十二代鏡如上人が往生されたため、現本堂にて仮葬儀が営まれたことが由縁となり、上人の分骨を納骨所に安置し、遺品・遺墨等を陳列する大谷記念館が併設されています。

●納骨堂　当別院の納骨堂は、全二七〇区画（一階一三六区画・二階一三四区画）設けられています。

※納骨堂の見学が可能です（九時～十七時）。納骨堂の概要や使用についてご説明の後、納骨堂をご覧いただきます。見学に際しては、お電話にてご予約、また、区画は仮予約することも可能です。

九州・沖縄エリア

本願寺鹿児島別院

●鹿児島市東千石町21番38号
TEL 099-222-0051

情報
・管理者常駐　・法要施設あり
・駐車場あり

《沿革》本願寺鹿児島別院は、一八七八（明治十一）年、天文館の地からその歴史がはじまります。それまで、薩摩藩による念仏禁制と弾圧があり、さらに幕末明治期に全国的に起きた廃仏毀釈など、厳しい環境の中、先人たちの信仰心により念仏が脈々とつたえられて来ました。一八七六（明治九）年に本願寺より開教使が派遣され、鹿児島の開教がはじまり、一八七八（明治十一）年には現在地を取得し、紀州国の性応寺を移築して別院が建立されました。桜島の大噴火や鹿児島大空襲などの被害をうけましたが、一九四九（昭和二十四）年に本堂が再建され、一九八二（昭和五十七）年に現在の本堂が建設されました。

●**納骨堂**　鹿児島別院の納骨堂には、本堂内に一〇七〇基、顕真堂に一一六七基、慈光堂に七七三基、久遠堂に五九八基の、計三六〇八基の納骨壇を設置しています。

※現在は納骨壇の空きがないため、受付を終了しています。（二〇二三年七月現在）

なお、別院の出張所（二十二カ所）のほとんどに納骨所が設置されています。

九州・沖縄エリア

本願寺沖縄別院

●浦添市伊祖5丁目10番1号
TEL 098-877-3276(別)

情報
・管理者常駐　・法要施設あり
・駐車場あり

《沿革》太平洋戦争終戦後、沖縄在住の本願寺派僧侶はしばらくの間本来の活動ができませんでしたが、一九五一（昭和二十六）年頃、寺院としての活動をはじめました。一九六〇（昭和三十五）年に大典寺が再建され、翌年、寺内に開教事務所が設置されました。一九六七（昭和四十二）年、小玉大誠師により本願寺浦添布教所の基礎がつくられ、沖縄が日本に復帰した一九七二（昭和四十七）年に開教事務所を開設、二〇〇四（平成十六）年には宗教法人本願寺沖縄別院が設立されました。二〇一六（平成二十八）年に現在の建造物が完成しました。

●浦添本願寺納骨堂
・納骨壇　新たな本堂の完成に伴い、一時保管納骨壇として六二七区画を設置しています。
・永代使用納骨壇　ご家族で個人的に使用できる永代使用納骨壇を二一〇区画設置しています。
・その他、永代合葬納骨壇も設置しています。

●沖縄別院天久新都心寺務所（天久礼拝所・沖縄県宗務事務所）
・礼拝所・納骨所　一時保管用の納骨壇を四〇二区画備えています。

まとめ

以上、浄土真宗本願寺派の全国の教区で展開する墓地や納骨堂に関する事業をご紹介してきました。

親鸞聖人の墓所を起源とする京都・大谷本廟では、親鸞聖人のご遺骨が納められたこの地において、聖人の遺徳を慕い「側にありたい」という願いより、全国から年間約一万二〇〇〇件を越える「祖壇」の納骨が行われています。また、「無量寿堂」とよばれる国内最大級の納骨所では、一九九〇年に造営が開催された「第二無量寿堂」にて、新規の交付を現在も受け付けています。一方、東京・築地本願寺では「合同墓」を提供して、歴史と伝統の寺院の中、心安らぐ都心の廟所として永代に亘り、ご遺骨をお預かりしています（※二〇二四年四月より第二期申し込みの受付開始）。

さらに、全国の本願寺の別院に目を向けると、自然豊かな立地の別院や、それぞれの街に佇む由緒ある別院があり、その一画に、大切な方の遺骨と故人への想いを安心して預けることのできる場所を用意しています。

実際に別院などに寄せられる相談内容をみると、「お墓をたてたいが場所がみつからない」と墓碑の建立を希望する方、また「自宅にある遺骨をなるべく早く埋葬したい」と大切な方の遺骨の納骨を急ぐ方もあれば、「生前のうちに自分の埋葬先を決めておきたい」など、ご自身の埋葬先に悩む方が多く見受けられます。また、「先祖代々の墓をまもり続けることが難しくなった方」や、「お墓を継ぐ者がいない」、「家族や親族に迷惑をかけたくない」、「墓じまいをしたいが、先祖の遺骨はどうしたら？」など、問題を抱える方々は、多死社会や少子高齢化とともに今後急激に増加すると予想されます。このような思いをもった方々が切望されるのが「後継ぎがいませんが、申し込みはできますか？」「生前に納骨堂を用意したいのですが？」という、不安を解決してくれる施設です。

これまで紹介したさまざまな別院の紹介には、いずれも独自の名称と特徴をもつ納骨施設や納骨塔、墓地や合同墓がありました。例えば「お墓を持たれない方」や「諸事情でお骨を一時的に預けなければならない方」のために、期間を設定しての一時預かり納骨堂や、さらには合同墓碑や合同墓への埋葬を可能とするといった、いわゆる「無縁化」にも対応した事業を提供しています。「分骨」や「全骨」の選択も可能とするなど、現代社会の暮らしに対応した遺骨の納骨方法のあり方に本願寺派の別院が注目していることが、おわかりいただけたかと思います。

実際に本願寺派の施設を利用したり、申し込みをされた方々からは、「経済的にも、お墓参りや墓掃除なども、子どもに負担がないものにしようと思っていた。年間管理費がなく、手続きも生前に済ませることができて安心した」「ずっと管理してもらえそうで安心できる」「合同という形態や毎日お経をあげてもらえるので寂しくないなと思った」など、利用者の心配事が軽減されたという声が聞かれます。

「故郷から家族の遺骨を分骨できる納骨施設を探している」という方、「転勤が多くお墓の建立までは考えていない」という方が、安心して故人を偲ぶ「場所」をご提供できる施設が、全国に展開される本願寺派の別院や寺院にはあるのです。

また、現代のニーズに応えるかたちでは、「個人の墓地・納骨堂を持たない方（持つ予定のない方）」「分骨を希望する方」といった方に向けた、遺骨の埋葬に永代経をあわせたプランなどを受け付けている別院もあります。

先祖代々の大切な方の遺骨やお墓について、お参りやまもる人がいなくなる無縁化の問題や、子や孫に負担をかけたくないという不安や悩みを持つ方に対して、本願寺派はこれらのさまざまな状況に対応できるような保管場所と「お参りしたいときに、いつでも行きたい」といった参拝の方法などが提供できる取り組みを、現場の声に耳を傾けながらおこなってきています。今後も京都の「大谷本廟」を中心に全国の別院では、そこに行けば、心安らぐ場所があるという「居場所」が提供され続けていくでしょう。

遺骨や納骨、お墓のことでお困りごとや悩みごとのある方は、ひとりで抱えずに、地域に根ざした本願寺の別院やお近くの本願寺派の寺院にご相談ください。

別院については『浄土真宗　必携～み教えと歩む～』（本願寺出版社）からご確認いただくか、本願寺ウェブサイトの別院情報（https://www.hongwanji.or.jp/local/）からアクセスしていただけます。

参考文献（章別）

〔第一部第一章（冨島）〕

池上良正「日本における死者供養の展開・略年表（七〜一六世紀）」（『駒澤大学総合教育研究部紀要』一〇、二〇一六）
石田茂作『考古学論攷四・仏塔編』（思文閣出版、一九七七）
石田茂作『日本仏塔の研究』（吉川弘文館、二〇一六）
井上治代『墓と家族の変容』（岩波書店、二〇〇三）
井原今朝夫『史実・中世仏教』第一巻（興山舎、二〇一一）
岩田重則『お墓の誕生―死者祭祀の民俗誌―』（岩波書店、二〇〇六）
大石雅章『日本中世の社会と寺院』（清文堂、二〇〇四）
勝田至 編『日本葬制史』（吉川弘文館、二〇一二）
蒲池勢至「「無墓制」と真宗の墓制」（『国立歴史民俗博物館研究報告』第四九集、一九九三）
五来　重『石の宗教』（講談社学術文庫、二〇〇七）
斉藤　忠『日本史小百科四　墳墓』（近藤出版社、一九七八）
坂詰秀一『仏教の考古学』上・下（雄山閣、二〇二一）
佐藤弘夫『死者のゆくえ』（岩田書院、二〇〇八）

佐藤弘夫『死者の花嫁』（幻戯書房、二〇一五）
佐藤弘夫『人は死んだらどこへ行けばいいのか―現代の彼岸を歩く―』（興山舎、二〇二一）
千々和到『板碑とその時代』（平凡社、一九八八）
千々和到『板碑と石塔の祈り』（山川出版社、日本史リブレット三一、二〇〇七）
千々和到・浅野晴樹 編『板碑の考古学』（高志書院、二〇一六）
千葉乗隆『本願寺ものがたり』（本願寺出版社、一九八四）
内藤理恵子『現代日本の葬送文化』（岩田書院、二〇一三）
槇村久子『お墓の社会学』（晃洋書房、二〇一三）
松尾剛次『葬式仏教の誕生―中世の仏教革命―』（平凡社新書、二〇一一）
宮本常一『日本の葬儀と墓―最期の人生行事―』（八坂書房、二〇一七）
森　茂『日本の葬送・墓地―法と習慣―』（法律文化社、二〇一三）
墓地墓石研究会代表藤井正雄 編『墓地墓石大事典』（雄山閣、一九八一）
互助会保険株式会社・一般社団法人全日本冠婚葬祭互助協会 編『冠婚葬祭の歴史―人生儀礼はどう営まれてきたか―』（水曜社、二〇一四）

〔コラム①（林）〕

大塚紀弘「宝篋印塔源流考―図像の伝来と受容をめぐって―」（『日本仏教綜合研究』一〇、二〇一二）
勝田至 編『日本葬制史』（吉川弘文館、二〇一二）

斎藤　忠『日本史小百科　墳墓』（近藤出版社、一九七八）
齋藤彦松「五輪塔資料の研究・日本仏典平安期編」（『印度學佛教學研究』三一（一）、一九八二）
千葉乗隆『真宗文化と本尊』千葉乗隆著作集第四巻（法藏館、二〇〇二）
『国史大辞典』各巻（国史大辞典編集委員会、吉川弘文館、一九八〇～一九九七）
『新纂 浄土宗大辞典』（浄土宗大辞典編纂実行委員会、浄土宗、二〇一六）
本願寺史料研究所 編『増補改訂 本願寺史』第一巻（本願寺出版社、二〇一〇）
墓地墓石研究会代表藤井正雄 編『墓地墓石大事典』（雄山閣、一九八一）

〔第一部第二章（冨島）〕

池上良正「日本における死者供養の展開・略年表（七～一六世紀）」（『駒澤大学総合教育研究部紀要』第一〇号、二〇一六）
井下　清『建墓の歴史』（雄山閣、一九四二）
井之口章次「葬法の種類」（『葬送墓制研究集成一　葬法』所収、名著出版、一九七九）
井原今朝夫『史実・中世仏教　第一巻　今にいたる寺院と葬送の実像』第一巻（興山舎、二〇一一）
遠藤　一「臨終・葬送・納骨―戦国期真宗における死の作法と浄土の実質的展開―」（『龍谷大学大学院紀要』九、一九九八）
勝田至 編『日本葬制史』（吉川弘文館、二〇一二）
蒲池勢至「「無墓制」と真宗の墓制」（『国立歴史民俗博物館研究報告』第四九集、一九九三）

蒲池勢至「葬送と墓―親鸞の石塔・遺骨・影像・廟堂―」（同朋大学仏教文化研究所 編『誰も書かなかった親鸞―伝絵の真実』法藏館、二〇一〇）
蒲池勢至「真宗の舎利信仰」（『同朋仏教』五四、二〇一八）
五来 重『先祖供養と墓』（角川ソフィア文庫版、二〇二二）
関沢まゆみ「火葬とその意味―「遺骸葬」と「遺骨葬」―納骨施設の必須化」（『国立歴史民俗博物館研究報告』第一九一集、二〇一五）
関沢まゆみ「葬儀と墓の構造的変化の五〇年」（関沢まゆみ編『国立歴史民俗博物館研究叢書二　民俗学が読み解く葬儀と墓の変化』所収、朝倉書店、二〇一七）
大喜直彦『中世びとの信仰社会史』（法藏館、二〇一一）
大喜直彦『神や仏に出会う時―中世びとの信仰と絆―』（吉川弘文館、二〇一四）
問芝志保「関東大震災と遺灰・納骨堂・墓」（『東北宗教学』特集号、二〇二三）
西口順子『女の力―古代の女性と仏教』（平凡社選書一一〇、一九八七）
碑文谷創『死に方を忘れた日本人』（大東出版社、二〇〇三）
山折哲雄『死の民俗学―日本人の死生観と葬送儀礼―』（岩波現代文庫、二〇〇二）
山田慎也「納骨堂の成立地その集合的性格」（鈴木岩弓・森謙二 編『現代日本の葬送と墓制―イエ亡き時代の死者のゆくえ―』所収、吉川弘文館、二〇一八）
山田明爾「舎利信仰のひろがり」（龍谷大学三五〇周年記念学術企画出版編集委員会 編『仏教東漸　祇園精舎から飛鳥まで』所収、思文閣出版、一九九一）

『新修築地別院史』（本願寺築地別院、一九八五）
『専修寺本 親鸞聖人伝絵　解説』（平松令三解説、法藏館、一九八一）
本願寺史料研究所 編『増補改訂 本願寺史』第一巻（本願寺出版社、二〇一〇）
澁澤敬三 編・神奈川大学日本常民文化研究所 編『日本常民生活絵引』第二巻（平凡社、一九八四）
『季刊考古学』第一三四号（二〇一六年二月）特集「中世の納骨信仰と霊場」
図録『親鸞　高田本山専修寺の至宝』（三重県総合博物館、二〇一五）

〔コラム②（冨島）〕

石井公成『聖徳太子―実像と伝説の間―』（春秋社、二〇一六）
平　雅行「法然のあゆみとその教え」（図録『法然―生涯と美術―』所収、京都国立博物館、二〇一一）
千葉乗隆『本願寺ものがたり』（本願寺出版社、一九八四）
本願寺史料研究所 編『図録 親鸞聖人余芳』（本願寺出版社、二〇一〇）
本願寺史料研究所 編『図録 蓮如上人余芳』（本願寺出版社、一九九八）
本願寺史料研究所 編『増補改訂 本願寺史』第一・二巻（本願寺出版社、二〇一〇・二〇一五）

〔第一部第三章（塚本）〕

新谷尚紀『死・墓・霊の信仰民俗史』（歴史民俗博物館振興会、一九九八）
勝田至 編『日本葬送史』（吉川弘文館、二〇一二）

新谷尚紀『両墓制と他界観』（吉川弘文館、一九九一）
関沢まゆみ『盆行事と葬送墓制』（吉川弘文館、二〇一五）
『浄土真宗辞典』（浄土真宗本願寺派総合研究所、本願寺出版社、二〇一三）
浄土真宗教学研究所 儀礼論研究特設部会 編『真宗儀礼の今昔』（永田文昌堂、二〇〇一）
『日本国語大辞典（第二版）』（北原保雄 著／久保田淳、谷脇理史、徳川宗賢、林大 編集委員／前田富祺 編集委員／松井栄一 編集委員／渡辺実、小学館、二〇〇三年）
『岩波仏教辞典（第三版）』（中村元・福永光司・田村芳朗・今野達・末木文美士 編、岩波書店、二〇二三）
特集「しなやかにつなげる仏事」（浄土真宗本願寺派総合研究所 編『季刊せいてん』一一五号）
特集「お盆 その前に」（浄土真宗本願寺派総合研究所 編『季刊せいてん』一二三号）
株式会社寺院デザイン 全国生活者意識調査「コロナ禍と仏事 二〇二一」の集計結果（令和三年八月調査）

〔第二部第一章（岡崎）〕

国立社会保障・人口問題研究所「日本の将来推計人口（令和五年度推計）」結果の概要
国土交通省「二〇五〇年の国土に係る状況変化」
厚生労働省「今後の高齢化の進展～二〇二五年の超高齢社会像～」
総務省統計局「統計からみた我が国の高齢者」（二〇二〇年）
『令和五年度版高齢社会白書』

〔第二部第二章（溪）〕
福原堂礎『墓のはなし』（法藏館、二〇〇三）
上田浩文「樹木葬墓地の近年の動向と形態変化に関する研究」（『ランドスケープ研究』八五（五）、二〇二二）
本林靖久「日本人の「墓と樹木」の系譜―現代の樹木葬と墓上植樹・弔い上げの民俗との関連をめぐって―（『日本語・日本文化』四八、二〇二〇）
独立行政法人国民生活センターの「消費生活相談データベース（PIO-NET より）」（https://datafile.kokusen.go.jp/）

本書の編集にあたって

浄土真宗本願寺派総合研究所では、二〇一一（平成二十三）年より「葬送儀礼」に関する研究を始め、二〇二三（令和五）年度現在、「宗務の基本方針．五　寺院活動の支援と人の育成（二）儀礼の研究と充実」という計画の元に研究を継続しています。研究背景には、

現代日本において、「葬式仏教」「葬儀不用論」あるいは「直葬」「簡易葬」などなどのさまざまな議論があり、また葬儀に関する書物や雑誌が多く発刊され、社会的な問題ともなっている。（丘山新「なぜ今、葬儀研究プロジェクトなのか？」『浄土真宗総合研究』八号、二〇一四年）

と述べられるような、縮小化・簡易化、経済的側面への批判などといった「葬送儀礼」が直面していた課題が挙げられます。

「葬送儀礼」の研究は、「葬送儀礼」が「「臨終勤行」から「還骨勤行」までの儀礼全般」（『浄土真宗本願寺派葬儀規範』解説―浄土真宗の葬送儀礼―』本願寺出版社、四頁）を指してることから、いわゆる「葬儀（お葬式）」が中心になっていました。しかしながら、「葬送儀礼」が直面する課題を生み出した人口減少、少子高齢化などの社会的状況は、そのまま「葬送儀礼」の後、すなわち納骨やお墓にも影響を及ぼします。加えて、一般的に「葬儀」といった場合には、「葬儀（お葬式）」とお墓・納骨は一体のものとして理解されていると考えられます。

そのため「葬送儀礼」の研究は、必然的に「お墓・納骨」の研究にも及んでいかなければならず、当研究所においても「お墓・納骨」の研究に取り組んできました。そうした研究の中で、「葬送儀礼」と「お墓・納骨」との間には共通する側面と相違する側面があることが明らかとなりました。

　共通する側面の一つは、「葬送儀礼」「お墓・納骨」は共に、地域文化・日本文化、あるいは地域の歴史・日本の歴史と密接に関わっているということです。「葬送儀礼」の問題が、

　葬儀とはまさに生きることに意味（ママ）、この命の意味を問うことでもあり、文化の精神の問題でもある。（丘山新「なぜ今、葬儀研究プロジェクトなのか？」『浄土真宗総合研究』八号、二〇一四年）

と規定されるのと同様に、「お墓・納骨」も「文化の精神の問題」でもあると理解しなければならないと考えられます。

　共通する側面のもう一つは、人口減少・少子高齢化などが「葬送儀礼」に与えた影響

が「お墓・納骨」にも同様に及んでいるということです。それは例えば、どこに、どのようにお墓を建立していくか（納骨していくか）といった方法の問題や、お墓を誰がまもっていくのかという継承の問題などに端的にあらわれています。

こうした共通する側面の一方、「葬送儀礼」とは大きく異なる「お墓・納骨」に特徴的な問題が存在します。それは「永続性」という問題です。例えば、「葬送儀礼」には通夜・葬儀など幾つかの儀礼が存在しますが、長くても二、三日、短ければ一日で終える場合もあります。しかしながら、「お墓・納骨」といった場合には、「葬儀が終わったから」「火葬が終わったから」といって「遺骨」を遺棄することはしない／できないのですから、「遺骨」を数年、数十年の単位ではなく保持し続けることが前提となります。では、そうした「お墓・納骨」が持つ「永続性」を現代社会では担保し続けることができるのか。この問題が「お墓・納骨」において大きな課題であると考えられますが、「墓じまい」「改葬」の増加に関する報道などからは、人口減少・少子高齢化が進展する日本において、その「永続性」もまた担保できない状況が増えていると考えなければなりません。

本書は、「お墓・納骨」が直面する課題を上記のように理解した上で、各執筆担当者がお墓の歴史や意義、現代的状況とそれへの対応、そして本願寺派の事例を紹介したつもりです。みなさまにとって「お墓・納骨」に対して考えるヒントがひとつでもあれば幸いです。

二〇二四年三月

浄土真宗本願寺派総合研究所　執筆者一同

【執筆者紹介（五十音順）】

岡崎秀麿　浄土真宗本願寺派総合研究所上級研究員
田中　真　浄土真宗本願寺派総合研究所上級研究員
溪　英俊　浄土真宗本願寺派総合研究所研究員
塚本一真　浄土真宗本願寺派総合研究所上級研究員
冨島信海　浄土真宗本願寺派総合研究所研究員
林　龍樹　浄土真宗本願寺派総合研究所研究員
八橋大輔　浄土真宗本願寺派総合研究所研究員

あとがき

人はなぜ墓を持つのでしょう。なぜ埋葬するのでしょう。答えは、つまるところ、人だから、です。

世界の各地で、古い埋葬の跡がみつかり、考古学的に年代が同定されています。イスラエル北部の洞窟からは、草花を供えた埋葬の跡が発掘されています。約一万二千年前、中石器時代に地中海東岸レヴァント地方に栄えたナトゥーフ文化の墓です。フランス南西部のラ・シャペローサン遺跡からは、いまの私たち現生人類（ホモ・サピエンス）とは異なりますが、近縁の人類であるネアンデルタール人の埋葬の跡がでています。約五万年前のもので、外環境の変化から守られるように細心の注意をもって掘られた墓穴に埋葬されていました。そして、つい最近になって、アフリカのケニア沿岸の洞窟遺跡で、約七万八千年前に埋葬されたとみられる子どもの遺骨がみつかったことが、英国の学術誌「サイエンス」に発表されました。腕を胸の前に置いて腰を曲げた状態で横たわった姿で埋葬されていたものです。

供えられた草花、しっかりと掘られた墓穴、姿勢の整えられた遺体、そのどれもが、ただ単に遺体が捨て置かれたのではなく、意図をもって丁重に葬られたことを示唆しています。

人間と他の動物との決定的な違いの一つは、仲間の死に際して、その遺体を埋葬するかしないかです。霊長類であり遺伝子情報が人間とわずか一％超しか違わないチンパンジーやゴリラであってさえも、埋葬を行いません。私たちに通じる現生人類の発生はおよそ二十五万年前と考えられていますが、人類はその進化の過程で、死が単なる終わり（あるいは終わりという意識さえされない単なる現象）ではなく、死を含めたいのちの新たな次元での捉え方に目覚めたのかもしれません。仲間の死を通じて自分自身のいのちをみつめることができるのは、人間だけです。死をみえる形にしつらえて記憶に留め、過去を形づくり、その過去のうえにいまの自分たちのいのちの営みがあることを自覚することができるのは、人間だけです。もしかしたら、過去があり、いまの自分の現在があるという、過去や現在という時間の捉え方ができるようになったことも、過去の人びとの死を丁重に葬ることを始めたことが発端になっているのかもしれません。そうして、過去のいのちを大切に思い、いまの自分たちのいのちを大切にし、だからこそ、未来のいのちにも大切な思いをはせることができるのも、人間だけなのです。

ヨーロッパに行くときには、現地の墓地をよく訪ねます。大きな聖堂や教会の地下には地下墓地がありますし、都市の郊外には公営の広大な墓苑があります。日本の墓地にも最近は角柱以外の墓石もみられるようになってきましたが、ヨーロッパでは、形も大きさも異なる墓石（墓標）に驚きます。天使像やマリア像が浮彫りされた三メートル×

五メートルほどの巨大な石造レリーフがたてられた墓や、聖堂の尖塔を模した五メートルほどの塔がたてられた墓、もちろん見上げるばかりのマリア像、イエス像を奉ったもの、なかには地面一面が透明なアクリル板になっていて、地下の納棺棚がみえるようになっているものまで、ほんとうにさまざまです。

ドイツのケルンという街でのことですが、大きな木々が茂り、静かな森の中に区画があるかのような墓苑を歩いていると、急に開けた一画に行き当たったことがあります。高い木がなく、陽光が降り注ぎ、芝で被われた広い庭のような空間のまわりをぐるっと囲むようにたくさんの小さな墓石が並んでいました。色とりどりの可愛い花が植えられ、カラフルなおもちゃの風車や遊び道具が墓に供えられており、まさかと思って墓石を一つ一つみて回ると、どれもが幼くして亡くなった子どもたちの墓でした。

どういった意図でその一画が設けられたのかはわかりませんが、目を閉じると、幼稚園の園庭で元気に遊び回る子どもたちのさわがしい声が聞こえるかのようでした。独りでさみしくないように、子どもたち同士で楽しく過ごせるように、そうした思いがこの一画をつくらせたのかもしれません。

北欧のスウェーデンでは、戦後、散骨墓地、森林墓地といえるものが広まりました。墓地と指定された森に遺骨が散骨されます。散骨は職員によってなされ、遺族の立ち会いは許されていません。広大な森全体を一つの墓と捉えるといってよいでしょうか。北欧は、南欧や中欧とはまた少し違った方途で個人のあり方を大切にします。従来とは異なる家族形態をはじめとし、さまざまな個人のあり方に対応する墓地の一つのあり方として、この森林墓地は支持を集めました。ただ、近年になって、遺族や親近者にとっては、広大な森のどこに遺骨があるのかがわからないため、（多分に日本的な言い方をすればど）どこに向かって手を合わせればよいのかがわからないという困惑の声も出ているようで、個人の墓標をたてるなどの対策が考えられているようです。

こうしてみてくると、人類は人の死に際して丁重に葬る、埋葬するということを、生物としての進化の過程の早い時期からおこなってきたことがわかります。また、埋葬するということは、ある特定の地域や文化、宗教に限られたものではなく、全人類的現象であることもわかります。時代によって、地域によって、その葬り方はさまざまですが、亡き人のいのちを大切に思い、それを目にみえる実際の形に設えるということは、人間だけがなしえてきた尊いおこないなのです。

本書では、日本における墓と埋葬に関する歴史と現代について案内しました。「墓じまい」や「改葬」という言葉をよく聞くようになったように、近年、墓と埋葬に関する問題や悩みが増加しています。これからの墓を考えていくにあたって、まずはこれまでの墓がどうであったかを正しく知ることが必要です。本書第一部で紹介されるように、日本という一つの国の中であってさえも、あるいは仏教や神道という一つの宗教のそれぞれの伝統の中にあってさえも、墓は、その時代状況や地域によってさまざまに変遷してきました。厳しい決まり事や、これをやってはいけない、あれをしたらよくないなどの禁止律的発想が墓に関しては多いように思われがちで、そのことが悩みにいっそうの拍車をかけています。しかし歴史を振り返ってみてみると、いまの私たちが墓を考えるにあたって、案外と自由度が高いのではないかということがうかがえます。

ものごとを考えるときに、「これをしてはいけない」という禁止型に考えを狭くしてしまうと、結局は「無理だからやめておこう」という結論に至ることがしばしばあります。禁止型の考えは、考える者に対して大きな力＝プレッシャーがかかるからです。「立派な墓をたてて、途絶えさせてはいけない」という禁止型で考えを進めると、「子や孫に負担をかけることになる」や「家を継いでくれる者がいない」、「費用的負担が大きすぎる」などの理由で、墓をもつことや継承していくことをあきらめるということになりがちです。まさしくゼロか一〇〇か、持つか持たぬかの両極端の選択肢のなかに考えを狭めてしまうことになります。いま現在の墓と納骨に関する悩みのあり方が、これです。

本書の第二部では、こうした状況を踏まえて、現代の墓と納骨に関する案内を進めました。墓や納骨を考えるにあたって、決して選択肢はゼロか一〇〇かではなく、さまざまなやり方があることを紹介しています。墓の継承問題は深刻な問題です。一方で、子や孫に、いまの私やこの先の世代に「過去のいのちを偲ぶ場所」を残すことも大切です。先にも書いたように、過去のいのちを大切に思うことは、いまの自分を大切にすること、そしてそれは未来のいのちに思いをはせることに通じます。本書には墓と納骨を考えるにあたっての材料をちりばめました。いま、そしてこれから墓をどうしようかと考える方々に、本書がご参考になれば幸いです。

二〇二四年三月

浄土真宗本願寺派総合研究所副所長　寺本知正

〔018〕

今知りたいお墓のこと

―亡き人と生きるために考える―

二〇二四年六月十日　第一刷発行

編集　浄土真宗本願寺派総合研究所

発行　本願寺出版社

〒六〇〇-八五〇一
京都市下京区堀川通花屋町下ル
浄土真宗本願寺派（西本願寺）
電話　〇七五-三七一-四一七一
FAX　〇七五-三四一-七七五三
https://hongwanji-shuppan.com/

印刷　株式会社図書印刷同朋舎

BD02-SH1-①60-42
ISBN978-4-86696-049-4 C0215